Gerd Brenner/Kira Brenner
80 Methoden für die Grundschule

LEHRER-BÜCHEREI
GRUNDSCHULE

Herausgeber

Gabriele Cwik war Rektorin an einer Grundschule und pädagogische Mitarbeiterin im Ministerium für Schule und Weiterbildung des Landes Nordrhein-Westfalen. Sie ist Schulrätin in der Schulaufsicht der Stadt Essen und zuständig für Grundschulen.

Dr. Klaus Metzger ist Regierungsschulrat, zuständig für alle fachlichen Fragen der Grundschule und die zweite Phase der Lehrerausbildung für Grund- und Hauptschulen im Regierungsbezirk Schwaben/Bayern.

Die Autoren

Dr. Gerd Brenner unterrichtet Deutsch und Englisch an einem Gymnasium, ist Autor von didaktischen Fachbüchern und Moderator in der Lehrerfortbildung in Schwalmtal/Niederrhein.

Kira Brenner ist Lehrerin für Mathematik und Sozialwissenschaften an einem Gymnasium.

Gerd Brenner/Kira Brenner

80 Methoden für die Grundschule

**Vorbereitung und Ablauf
Anbindung an die Bildungsstandards
Für die Jahrgänge 1 bis 4**

Die in diesem Werk angegebenen Internetadressen haben wir geprüft (Redaktionsschluss: April 2009). Dennoch können wir nicht ausschließen, dass unter einer solchen Adresse inzwischen ein ganz anderer Inhalt angeboten wird.

www.cornelsen.de

Bibliografische Information: Die Deutsche Bibliothek verzeichnet diese Publikation in der Deutschen Nationalbibliografie; detaillierte bibliografische Daten sind im Internet über http://dnb.ddb.de abrufbar.

Dieser Band folgt den Regeln der deutschen Rechtschreibung, die von August 2006 an gelten.

5.   4.   3.   2.   1.   Die letzten Ziffern bezeichnen
13 12 11 10 09   Zahl und Jahr der Auflage.

Projektleitung: Gabriele Teubner-Nicolai, Berlin
Redaktion: Susanne Hohmann, Frankfurt/M.
Herstellung: Brigitte Bredow, Berlin
Umschlagfoto: Michael Miethe, Berlin
Umschlaggestaltung: Claudia Adam, Darmstadt
Satz: Lennart Fischer, Berlin
Druck und Bindung: fgb · freiburger graphische betriebe
Printed in Germany
ISBN 978-3-589-05147-2

 Gedruckt auf säurefreiem Papier, umweltschonend hergestellt aus chlorfrei gebleichten Faserstoffen.

Inhalt

Vorwort

Schülerinnen und Schüler sollen „das Lernen lernen" und damit in die Lage versetzt werden, ihre Bildungsprozesse zunehmend selbstständig zu steuern. Dieses bildungspolitische Ziel gehört sicherlich nicht in die Reihe jener didaktischen Konjunkturen, die kommen und schnell wieder gehen. Die Formel „Das Lernen lernen!" signalisiert vielmehr einen grundlegenden Wandel unserer Bildungsinstitutionen, denn diese müssen sich auf die veränderten Bedingungen der Informationsgesellschaft einrichten:

- Die Fähigkeit, sich möglichst autonom in Informationsangeboten zu bewegen, wird immer wichtiger. Das erfordert besonderes *Prozesswissen und Methodenbewusstsein.*
- Die Überfülle des möglichen Wissens zwingt dazu, Informations- und Lernverfahren so zu kombinieren, dass auf aktuelle Herausforderungen flexibel mit jeweils neuem Wissensaufbau reagiert werden kann. Das erfordert eine zunehmende *Breite der Lernmethoden* (und deshalb auch der Lehrmethoden).
- Von jedem Einzelnen wird lebenslanges Lernen erwartet. Das erfordert eine besondere *Nachhaltigkeit und Intensität* der Aneignung von Lernverfahren.

Und schließlich ist es auch ein traditionelles humanistisches Ziel, junge Menschen Schritt für Schritt auf dem Weg zu *autonomen Persönlichkeiten* zu begleiten. Die Fähigkeit, die eigenen Bildungsprozesse zunehmend selbst in die Hand zu nehmen, gehört sicherlich dazu; der souveräne Umgang mit Methoden des Lernens ist hierfür unabdingbar. Die Grundschule ist der Ort, damit zu beginnen.

Die Grenzen zwischen Methoden des Lehrens und denen des Lernens sind in einem solchen Konzept nicht mehr trennscharf. Was vorher den Unterrichtenden vorbehaltenes Prozesswissen war, soll nun auch zunehmend den Lernenden zur Verfügung stehen. Lehrerinnen und Lehrer werden hierbei keineswegs arbeitslos. Im Gegenteil: Neben die Aufgabe, mit Schülerinnen und Schülern Sachwissen aufzubauen, tritt eine zweite Kompetenz: die Expertenschaft für den Aufbau von *Prozesswissen.* Wer als Lehrerin oder Lehrer über ein breites Spektrum an Methoden des Lehrens und Lernens verfügt, kann zudem in seinem Unterricht Monotonie vermeiden.

Dieses Buch erörtert nicht den gesellschaftlichen Kontext, der eine Ausweitung des Lernrepertoires nahelegt; es konzentriert sich auch nicht auf didaktische Reflexionen; vielmehr zielt es auf den prozeduralen Kern der schulischen Praxis: auf *Methoden des Lehrens und Lernens*. Die Sammlung bietet 80 solcher Verfahren an.

Ziel des Bandes ist es, herkömmliche Methoden des Lehrens und Lernens auf aktuellem Stand zu beschreiben und didaktisch einzuordnen, insbesondere aber auch neuere Lehr- und Lernmethoden vorzustellen. Damit diese Methodensammlung schnell und flexibel eingesetzt werden kann, sind die Verfahren verschiedenen, für die Grundschule relevanten Lernsituationen sachlogisch zugeordnet:

• Lernen in Einzel-, Klein- oder Großgruppenarbeit organisieren
• Lernen begleiten und dokumentieren
• Gruppen gestalten und begleiten
• Recherchieren und erkunden
• Informationen strukturieren, verarbeiten, bewerten
• Gespräche führen
• Präsentieren
• Üben und einprägen
• Evaluieren
• Wahrnehmen, sprechen, zuhören
• Texte aktiv lesen
• Texte verstehen
• Texte schreiben
• Rechtschreibung und Semantik
• Konzentration

Das Methodenrepertoire kann zusätzlich mithilfe eines alphabetischen Registers erschlossen werden.

Um die Nutzbarkeit des Bandes im Schulalltag weiter zu verbessern, sind alle Methoden nach einem gleichen Muster dargestellt worden: Zunächst wird kurz über das didaktische Potenzial der Methode informiert. Es folgen knappe Hinweise zur Sozialform, zu Einsatzmöglichkeiten in den verschiedenen Altersstufen und zu weiterführender Fachliteratur. In knapper Form (z. B. unter Nennung der Nummerierung wie 3.1) werden die notwendigen Bezüge zu den Standardvereinbarungen der Kultusministerkonferenz für die Grundschule hergestellt. Ausführlicher werden dann nötige Vorbereitungen und der konkrete Verfahrensablauf dargestellt. Die Methodenvorstellung schließt mit einigen didaktischen Hinweisen und Tipps zu möglichen Anschlussaufgaben. Im Hinblick auf die Nutzung der Methoden im Englischunterricht der Grundschule wurden – wenn möglich – auch englischsprachige Bezeichnungen hinzugefügt.

Wir danken Klaus Metzger für die Bereitschaft, jeder Methode auf der Basis der KMK-Vereinbarungen curriculare Standards der Grundschule zuzuordnen.

Mönchengladbach 2009
Gerd Brenner und Kira Brenner

Lernen in Einzel-, Klein- oder Großgruppenarbeit organisieren

1 Freiarbeit (Independent study)

S. gestalten ihren Lernprozess mit vorgegebenen Materialien selbst.
In der Freiarbeit wird das Lernen an Entscheidungen der S. gebunden. Es findet in einer didaktisch anregenden Lernumgebung statt, die von der Schule bzw. der Lehrperson eingerichtet worden ist. Neben der Erarbeitung von Themen kontrollieren die S. auch ihren Lernerfolg in wachsendem Umfang selbst. Das Lernen der S. ist also in hohem Maße selbstgesteuert. Organisatorisch kann die Freiarbeit in die → Wochenplanarbeit eingeordnet werden.

• Einzel-, Partnerarbeit
• Freiarbeitsmaterialien
• ab Jahrgangsstufe 1

Literatur
PETERSSEN, WILHELM H.: Kleines Methoden-Lexikon. München 1999, S. 105 ff.
MEYER, HILBERT: Schulpädagogik, Band II. Berlin 1997, S. 167 f.
REICH, KERSTEN: Konstruktivistische Didaktik. Lehr- und Studienbuch mit Methodenpool, Weinheim und Basel 2008, Methoden-CD

Standardbezug
Alle Kompetenzbereiche

Vorbereitungen und Ablauf
Wichtig ist die Vorbereitung geeigneter Lernmaterialien (→ Wochenplanarbeit). Diese sollen altersgerecht sein und einen besonderen Aufforderungscharakter haben. Außerdem sollten sie die didaktischen Absichten, die die Lehrperson mit ihnen verbindet, eindeutig zum Ausdruck bringen. Die Materialien erfordern ein sehr sorgsam erarbeitetes didaktisches Konzept. Klassenräume, in denen Freiarbeit angeregt werden soll, sollten in eine einladende Lernumgebung mit offenen Materialregalen und Ruhezonen umgestaltet werden.
Soll Freiarbeit in einer Klasse neu eingeführt werden, müssen die S. zunächst in die Lern- und Sozialformen dieses Lernverfahrens eingeführt wer-

den. Anschließend erhalten sie Pflichtmaterialien mit detaillierten Arbeitsanregungen, die sie auf jeden Fall durcharbeiten sollen. Zusätzlich bekommen sie aber auch „Kürmaterialien", deren Erarbeitung freiwillig ist. In späteren Phasen können die Arbeitsanregungen zu den Materialien weniger detailliert sein oder ganz wegfallen, da die S. eine Kompetenz für den Umgang mit Lernangeboten dann selbst aufgebaut haben. Allerdings ist bei leistungsdifferenzierten Gruppen weiterhin eine unterschiedliche Intensität von Arbeitsanregungen vorzusehen. Freiarbeit kann in die Stundentafel fest eingeplant oder über einige Zeit in den Fachunterricht integriert werden.

Didaktische Hinweise

Freiarbeit ist eine besonders ausgeprägte Form des differenzierten und individualisierten Unterrichts, die auf Ansätze der Reformpädagogik (Montessori, Petersen, Freinet) zurückgeht und eine Reaktion auf sehr lehrerzentrierte Unterrichtsformen war. Seit den 1980er-Jahren ist sie in Grundschulen verbreitet, hat aber auch in den Schulformen der Sekundarstufe I Einzug gehalten. „Frei" sind für die S. nur die zeitliche Gestaltung und die Arbeitsformen, vorgegeben sind jedoch die Themen und der stoffliche Rahmen. Die S. erhalten die Aufforderungen zum Lernen nicht direkt vom L., vielmehr sind diese in die Materialien integriert. Die S. müssen diese Arbeitsform eine Zeitlang praktizieren, bevor sie in der Lage sind, die Potenziale der Freiarbeit selbstständig und effektiv zu nutzen.

Stärker als im Frontalunterricht wird die Lehrperson in der Freiarbeit zum Berater der S. und ist von einigen Anforderungen des Frontalunterrichts entlastet; sie muss aber bei der Erstellung von Lern- und Erfolgskontrollmaterialien erhebliche Vorarbeiten leisten. Selbsterstellte Materialien werden oft laminiert, damit sie mehrfach verwendet werden können. Diese Materialien liegen sortiert in Schränken oder auf Regalen im Klassenraum für die S. bereit.

Die S. können für die Freiarbeit folgende Verhaltensregeln an die Hand bekommen:

- Ich störe andere nicht bei ihrer Arbeit.
- Ich behandle Arbeitsmaterialien so, dass sie an andere weitergegeben werden können.
- Ich bringe alle Materialien zügig an ihren Ort zurück, wenn ich sie nicht mehr benötige.
- Eine neue Aufgabe fange ich erst dann an, wenn ich eine angefangene zu Ende gemacht habe.

Anschlussaufgabe
* Zusammenstellung der Arbeitsergebnisse in einem Portfolio

2   Stillarbeit

S. erarbeiten eine Aufgabe still für sich.
Als methodisches Element des Lehrgesprächs, der → Gruppenarbeit, der → Freiarbeit, der → Wochenplanarbeit und anderer Formen des Lernens trainiert die Stillarbeit die Kompetenz der S., ohne eingreifende Lenkung durch die Lehrperson für sich einen Arbeitsprozess zu bewältigen. Stillarbeit kann auch eingesetzt werden, um mit S. die Konzentration auf sich selbst zu trainieren und die Produktivität stiller Arbeit zu erfahren.
* Einzelarbeit
* ab Jahrgangsstufe 1

Literatur
Petersen, Wilhelm H.: Kleines Methoden-Lexikon. München 1999, S. 274 f.
Reich, Kersten: Konstruktivistische Didaktik. Lehr- und Studienbuch mit Methodenpool, Weinheim und Basel 2008, Methoden-CD

Standardbezug
Kompetenzbereiche 3.2 bis 3.4

Vorbereitungen und Ablauf
Die S. sollten sich in einem Raum befinden, in dem ein Arbeiten ohne besondere Ablenkung möglich ist. Die S. erhalten den Auftrag, in einer zeitlich begrenzten Unterrichtsphase konzentriert und ohne mit anderen zu sprechen an einer Sache zu arbeiten. Um der Stillarbeit die nötige Ausrichtung und Dynamik zu geben, sollten die S. eine inhaltlich klar umrissene Aufgabe erhalten und evtl. Materialien an die Hand bekommen, die ein hohes Anregungspotenzial aufweisen und die Konzentration auf eine Sache unterstützen. Eine Kontaktaufnahme im Flüsterton mit dem Nachbarn sollte nur in Notfällen gestattet sein.

Didaktische Hinweise
Die S. lernen, Störpotenziale für sich auszublenden und einem Arbeitsvorhaben den Vorrang einzuräumen. In vielen Didaktiken kommt die „Pädagogik

der Stille" zu kurz, obwohl stilles Arbeiten eine wichtige Komponente von Bildungsprozessen ist. So ist Stillarbeit in der Schule z. B. auch ein wichtiges Training für die häusliche Lernsituation der S. (Hausaufgaben etc.). Steht genug Raum zur Verfügung, können S. sich an Einzeltische zurückziehen, um die Konzentration zu unterstützen.

Anschlussaufgaben
* Austausch der Arbeitsergebnisse mit einem Partner/einer Partnerin
* Vortrag der Arbeitsergebnisse im Plenum

3 Wochenplanarbeit (Weekly target setting)

S. organisieren das Lernen vorgegebener Inhalte über einen längeren Zeitraum selbst.

Dieses Verfahren gibt den S. im Vorhinein einen Überblick über ihr Lernpensum für die anstehende Woche oder einen längeren Zeitraum und lässt ihnen Spielraum zur freien und eigenverantwortlichen Gestaltung ihrer Arbeit. Während die Lehrperson fachliche Ziele und Inhalte vorgibt, überlässt sie den S. die eigenverantwortliche Entscheidung über die zeitliche Gestaltung der Wochenplanarbeit. Die S. werden so zu einem hohen Grad an Lernautonomie angeleitet. Zugleich ermöglicht das Verfahren in Lerngruppen ein hohes Maß an innerer Differenzierung, da die S. ganz verschiedene Wege gehen können.
* Einzelarbeit, teilw. Partnerarbeit
* ab Jahrgangsstufe 3

Literatur

MATTES, WOLFGANG: Methoden für den Unterricht. Paderborn 2002, S. 60 f.

MEYER, HILBERT: Schulpädagogik, Band II. Berlin 1997, S. 167 ff.

MORGENTHAU, LENA: Was ist offener Unterricht? Wochenplan und Freie Arbeit organisieren, Mülheim/Ruhr 2003

PETERSSEN, WILHELM H.: Kleines Methoden-Lexikon. München 1999, S. 287 f.

REICH, KERSTEN: Konstruktivistische Didaktik. Lehr- und Studienbuch mit Methodenpool, Weinheim und Basel 2008, Methoden-CD

Standardbezug
Alle Kompenzbereiche

Vorbereitungen und Ablauf
Wochenweise oder in größeren Abständen werden für die S. Aufgaben festgelegt, die in der Regel in Pflichtaufgaben und freiwillige Zusatzaufgaben
unterteilt sind. Die Aufgaben für die Wochenplanarbeit sollten nicht zu um-
fangreich sein, damit wirklich Spielraum für eine eigenverantwortliche Gestaltung des Lernprozesses durch die S. bleibt. Außerdem dürfen die Aufgaben für die Wochenpläne nicht alle aufeinander aufbauen, da den S. sonst
kein Entscheidungsspielraum bleibt.
Die S. erhalten von der Lehrperson eine Zusammenstellung von Aufgaben.
Über die Reihenfolge ihrer Erledigung und die Sozialform (Einzel- oder Partnerarbeit) entscheidet jeder einzelne S. dann in eigener Verantwortung. Allerdings muss er sich entscheiden und festlegen. S. und L. schließen so wöchentlich einen Vertrag über die Lernarbeit einer Woche. Zugleich treffen die
S. miteinander Vereinbarungen über die Nutzung (knapper) Ressourcen des
Lernens. Alle Vereinbarungen werden jeweils auf Wandtafeln oder Plakaten
klassen- bzw. kursöffentlich dokumentiert. Die Lernerfolgskontrolle erfolgt in
der Regel – der Philosophie dieses Verfahrens folgend – ebenfalls selbstständig durch die S. mithilfe von Lösungsblättern.

Didaktische Hinweise
Das Lernverfahren mit Wochenplänen geht u. a. auf den „Kleinen Jena-Plan"
(1927) von Peter Petersen und die „Arbeitsschule" von Célestin Freinet zu-
rück. Zusammen mit der Freiarbeit hat sich die Wochenplanarbeit in den
letzten Jahrzehnten besonders in den Grundschulen, z.T. aber auch in der
Sekundarstufe I ausgebreitet. Ein Vorteil des Verfahrens ist es, dass leistungsstarke S. einer steilen Lernprogression folgen oder in die Breite eines
Themas arbeiten können, während sich leistungsschwächere S. derselben
Lerngruppe auf wenige Kernaufgaben konzentrieren können.
Die Wochenplanarbeit bereitet mit ihrem hohen Grad an Selbststeuerung auf
Phasen der Lernbiografie vor, in denen die permanente Anleitung durch andere reduziert ist (z.B. Ausbildung, Studium). Für einige Fächer wie den Englischunterricht ist das Verfahren weniger geeignet, da S. in langen selbstge-
steuerten Phasen in der Regel in ihre Muttersprache wechseln. Einige S.
vermissen in der Wochenplanarbeit auch den kontinuierlichen Kontakt mit
einem Erwachsenen, der sie über persönliche und fachliche Ausstrahlung
und Anerkennung dazu motiviert, sich Lernstoffe zu erschließen. Bei der Planung der Arbeit können von der Lehrperson Zeiten für Hausaufgaben inte-

griert werden. In einem solchen Wochenplan entfällt dann die Hausaufgabe, der Umfang der vereinbarten Arbeiten ist aber so angelegt, dass Teile des Materials zu Hause bearbeitet werden müssen.

In der Regel kann die Lehrperson nicht alle Wochenplanarbeiten selbst kontrollieren; daher sind Möglichkeiten der Selbstkontrolle wichtig. Die Lehrkraft sollte aber regelmäßig in die Arbeiten der S. Einblick nehmen.

Vgl. auch → Freiarbeit.

Anschlussaufgaben
- Präsentation von Erarbeitungen in Form eines → Galeriegangs (S. 66 f.)
- Referate (S. 63 ff.)

4 Gruppenarbeit

S. erarbeiten sich Unterrichtsstoffe kooperativ und ohne direkte Lenkung.
In der Gruppenarbeit, einer Form der inneren Differenzierung, lösen S. arbeitsteilig oder arbeitsgleich Aufgaben, die vorher im Klassenplenum definiert worden sind. Diese Arbeits- und Sozialform fördert die persönliche und soziale Kompetenz der S., da während der Gruppenarbeit – stärker als im lehrerzentrierten Unterricht – Selbststeuerung, Entscheidungsfähigkeit und Kooperation gefordert sind.
- Ab Jahrgangsstufe 1

Literatur
KLIPPERT, HEINZ: Teamentwicklung im Klassenraum. Weinheim, Basel 2001
MATTES, WOLFGANG: Methoden für den Unterricht. Paderborn 2002, S. 32 ff.
PETERSSEN, WILHELM H.: Kleines Methoden-Lexikon. München 1999, S. 139 ff.
REICH, KERSTEN: Konstruktivistische Didaktik. Lehr- und Studienbuch mit Methodenpool, Weinheim und Basel 2008, Methoden-CD

Standardbezug
Alle Kompetenzbereiche

Vorbereitungen und Ablauf
Vor der Gruppenarbeit steht die Gruppenbildung. Ähnlich wie bei der → Partnerarbeit kann sie nach Sympathie und Freundschaftsbeziehungen in der Lerngruppe, nach Leistungsfähigkeit oder auf andere Weise erfolgen. Die

Gruppenarbeit wird von der Lehrperson arbeitsteilig oder arbeitsgleich angelegt (s. u.). Bei beiden Formen kann zudem entschieden werden, ob aufgabengleich oder aufgabenverschieden gearbeitet werden soll. Bei Aufgaben verschiedenen Schwierigkeitsgrades zum selben Themenaspekt können zusätzliche Differenzierungsmöglichkeiten genutzt werden. Die Aufgaben sollten insgesamt so bemessen sein, dass alle Gruppen ihre Arbeit im selben zeitlichen Rahmen erledigen können.

Die Gruppenarbeit besteht in der Regel aus drei Phasen:

- Zunächst kann sich jede Gruppe in einer Einarbeitungsphase mit ihrer Aufgabenstellung und dem zugrunde liegenden Material vertraut machen (evtl. Lesephase, gemeinsame Klärung der Aufgabenstellung etc.).
- Es folgt eine Erarbeitungsphase, in der die S. miteinander Probleme lösen oder Ideen entwickeln.
- Die Gruppenarbeit endet mit der Vorbereitung einer Präsentation, bei der Arbeitsergebnisse zusammengefasst und strukturiert werden, damit sie anschließend im Plenum adressatengerecht vorgetragen werden können.

Für die Arbeit wird ein zeitlicher Rahmen gesetzt, an den sich alle Gruppen halten sollen.

Didaktische Hinweise

Gruppenarbeit, in der Fachliteratur auch als Gruppenunterricht bezeichnet, wurde erstmalig in den 1920er-Jahren von Peter Petersen in der Jena-Plan-Schule regelmäßig praktiziert. Sie bringt einen weit höheren Planungsaufwand mit sich als z. B. Frontalunterricht, ist jedoch bei S. beliebt, da sie sich in dieser Arbeitsform wechselseitig unterstützen können. Die Partizipation der S. am Unterrichtsgeschehen ist bei der Gruppenarbeit insgesamt höher als beim Plenumsunterricht. Viele Untersuchungen haben ergeben, dass leistungsschwächere S. in leistungsheterogenen Gruppen besser lernen als in leistungshomogenen. Ob leistungsstarke S. in heterogenen Gruppen angemessen angeregt werden, ist umstritten. Im Hinblick auf die gesamte Lerngruppe kann Gruppenarbeit entweder konkurrierend und wettbewerbsbezogen oder einander ergänzend angelegt werden. Arbeitsgleiche Gruppen tendieren oft zu Konkurrenzverhalten; bei arbeitsteiligen Gruppen ist diese Tendenz stark abgeschwächt. Arbeitsteilige Gruppenarbeit ist zur Gestaltung eines gemeinsamen komplexen Produkts (z. B. zum Schreiben eines Theaterstücks) weniger geeignet, es sei denn, wesentliche Entscheidungen werden vorher im Plenum getroffen.

Empfehlenswert sind Gruppengrößen von drei bis sechs Mitgliedern. Jede Gruppe sollte einen Moderator wählen, der auf einen konstruktiven Ablauf der Arbeit und auf die Einhaltung zeitlicher Vorgaben achtet. Sind S. nicht geübt, die Freiräume der Gruppenarbeit konstruktiv zu nutzen, kann es zu Leerlauf kommen. Als Vorstufe sollten sie dann zunächst Erfahrungen mit → Partnerarbeit machen. Die Intensität der Mitarbeit in Gruppen nimmt zu, wenn die Zuständigkeit für die Präsentation (Berichterstatter) nicht zu Beginn der Arbeit, sondern erst am Ende der Gruppenarbeit (z. B. per Los) entschieden wird, sodass alle Gruppenmitglieder veranlasst sind, sich auf eine Präsentation vorzubereiten.

Gruppenarbeit ist sowohl in Erarbeitungs- als auch in Übungsphasen sinnvoll.

Anschlussaufgaben
- Ausstellung der Arbeitsergebnisse in einem → Galeriegang (S. 66 f.)
- Vortrag eines Gruppenmitglieds im Klassenplenum

5 Gruppenpuzzle (Jigsaw)

Jeder S. nimmt Informationen auf und gibt sie weiter.
Alle S. werden aktiviert, Informationen intensiv aufzunehmen, da sie wissen, dass sie ihre Einsichten anschließend – auf sich alleine gestellt – an andere weitergeben sollen.
- Gruppenarbeit
- Materialien für Expertengruppen
- ab Jahrgangsstufe 2

Literatur
KLIPPERT, HEINZ: Teamentwicklung im Klassenraum. Weinheim, Basel 2001, S. 214 ff.
PETERSSEN, WILHELM H.: Kleines Methoden-Lexikon. München 1999, S. 127 f.

Standardbezug
Gespräche führen
- sich an Gesprächen beteiligen
- gemeinsam entwickelte Gesprächsregeln beachten: z. B. andere zu Ende sprechen lassen, auf Gesprächsbeiträge anderer eingehen, beim Thema bleiben

- Anliegen und Konflikte gemeinsam mit anderen diskutieren und klären

zu anderen sprechen

- an der gesprochenen Standardsprache orientiert und artikuliert sprechen
- Wirkungen der Redeweise kennen und beachten
- funktionsangemessen sprechen: erzählen, informieren, argumentieren, appellieren
- Sprechbeiträge und Gespräche situationsangemessen planen

verstehend zuhören

- Inhalte zuhörend verstehen
- gezielt nachfragen
- Verstehen und Nicht-Verstehen zum Ausdruck bringen

über Lernen sprechen

- Beobachtungen wiedergeben
- Sachverhalte beschreiben
- Begründungen und Erklärungen geben
- Lernergebnisse präsentieren und dabei Fachbegriffe benutzen
- über Lernerfahrungen sprechen und andere in ihren Lernprozessen unterstützen

Vorbereitungen und Ablauf

Die für die Gruppenarbeit (Expertengruppen; s. u.) benötigten Materialien sollten von der Lehrperson bereitgestellt werden. Zu Beginn des Gruppenpuzzles wird jeder S. einer Stammgruppe zugeteilt (Losverfahren), die einen komplexen Sachverhalt erarbeiten soll. Jede Stammgruppe entsendet je ein Mitglied (wieder per Losverfahren) in Expertengruppen. In diesen Gruppen wird jeweils ein Teilthema erarbeitet. Nach einer vorgegebenen Zeit finden sich alle wieder in ihrer Stammgruppe ein. In diesen vermittelt nun jeder S. als Experte das Wissen, das er vorher in der Expertengruppe erarbeitet hat. Am Ende der zweiten Gruppenrunde sind also alle S. über alle Teilthemen informiert.

Variante: Die Einteilung der Gruppen erfolgt mithilfe eines Skatspiels. Jeder S. zieht eine Skatkarte, die Stammgruppen werden mithilfe der Farben (Herz, Karo, Pik und Kreuz), die Expertengruppen mithilfe der Figuren und Zahlen (As, König, Dame, Bube, 10, 9, 8, 7) gebildet. Die Anzahl der Skatkarten, die ausgegeben werden, wird vorweg auf die Anzahl der S. abgestimmt. Die Lehrperson weist den Farben bzw. Figuren zu Beginn der Stamm- bzw. Expertengruppen Standorte zu. Dieses Verfahren erlaubt eine schnelle Reorganisation der Teilgruppen.

Didaktische Hinweise

Mithilfe des Gruppenpuzzles kann man komplexere Themenbereiche in einer Lerngruppe arbeitsteilig einführen und dabei die S. breit aktivieren. Voraussetzung für dieses Verfahren ist, dass sich ein Stoffbereich in mehrere etwa ähnlich anspruchsvolle Teilthemen untergliedern lässt. Da jeder S. in der zweiten Gruppenphase als Experte für sein Teilthema die Referentenrolle zu übernehmen hat, besteht eine besondere Motivation, sich während der ersten Arbeitsphase gründlich kundig zu machen. So wird dem bekannten Nachteil der üblichen Gruppenarbeit, dass nämlich Einzelne arbeiten und der Rest sich zurückhält, vorgebeugt. Nach Abschluss des Gruppenpuzzles kann der zu klärende Sachverhalt in der Stammgruppe oder auch im Plenum vertiefend erörtert werden.

Anschlussaufgaben

- Galeriegang (S. 66 f.)
- Lückentexte zur Kontrolle des Gelernten

6 Partnerarbeit

S. arbeiten phasenweise zu zweit zusammen.

Die Zusammenarbeit mit einer Partnerin/einem Partner ist eine wichtige Vorstufe zur Teamarbeit. Die beiden Partner können entweder nebeneinander- oder sich gegenübersitzen. Sitzen die Partner nebeneinander, können sie gemeinsam an einem Gegenstand arbeiten bzw. gemeinsam eine Aufgabe lösen; sitzen sie sich gegenüber, können sie z. B. etwas miteinander üben (Partnerdiktat u. Ä.).

- ab Jahrgangsstufe 1

Literatur

MATTES, WOLFGANG: Methoden für den Unterricht. Paderborn 2002, S. 30 f.

PETERSSEN, WILHELM H.: Kleines Methoden-Lexikon. München 1999, S. 223 f.

REICH, KERSTEN: Konstruktivistische Didaktik. Lehr- und Studienbuch mit Methodenpool, Weinheim und Basel 2008, Methoden-CD

SCHRÄDER-NAEF, REGULA: Rationeller Lernen lernen. Ratschläge und Übungen für alle Wissbegierigen. 19. Aufl., Weinheim, Basel 2000, S. 64 ff.

Standardbezug
Alle Kompetenzbereiche

Vorbereitungen und Ablauf
Partnerarbeit ist die Arbeits- und Sozialform mit dem geringsten organisatorischen Aufwand. In der Regel arbeiten diejenigen S. phasenweise zusammen, die in einer Klasse unmittelbar nebeneinandersitzen. Ansonsten können bei der Partnerarbeit entweder in etwa leistungshomogene S. oder S. mit unterschiedlichem Leistungsvermögen zusammengebracht werden. Arbeiten S. mit unterschiedlichem Leistungsvermögen zusammen, kann der leistungsstärkere S. für den leistungsschwächeren bestimmte Unterstützungsmaterialien vorbereiten. Der Arbeitsauftrag kann die Chance nutzen, dass Lernpartner sich wechselseitig Rückmeldungen zu ihrem aktuellen Lernstand geben und korrigierend bzw. ergänzend in aktuelle Arbeitsprozesse des Partners eingreifen.
Bei der Partnerarbeit erhalten die S.-Paare einen Arbeitsauftrag und eine zeitliche Vorgabe zur Erledigung der Aufgabe. Während der Partnerarbeit unterhalten sich die beiden S. in gemäßigter Lautstärke und bereiten ggf. eine Präsentation ihrer Arbeitsergebnisse vor. Am Ende der Partnerarbeitsphase können dann mehrere Paare ausgewählt oder ausgelost werden, die ihre Ergebnisse im Plenum vortragen. Die anderen S. erhalten die Gelegenheit, noch nicht genannte Aspekte zu ergänzen.

Didaktische Hinweise
Die Partnerarbeit kommt dem Bedürfnis von S. nach überschaubaren sozialen Zusammenhängen entgegen und kann ein förderliches Klima für Lernprozesse schaffen. Allerdings kann das Interesse an einem „gemütlichen Zusammensein" die Arbeitsaufträge auch in den Hintergrund treten lassen.
Ein weiteres Problem, das auftauchen kann, ist das, dass einzelne S. ab und zu keinen Partner finden. In solchen Situationen muss die Lehrperson eingreifen, um eine Verfestigung von Außenseiterpositionen zu verhindern. Vorbeugend kann dem entgegengewirkt werden, indem die Lehrperson die Partner per Los zusammenwürfelt. Dieses verbessert gleichzeitig die Flexibilität der S. in einer Klasse.

Anschlussaufgaben
* Präsentation der Ergebnisse (entweder durch einen S. oder durch eine arbeitsteilige Präsentation beider S.)
* Plenumsdiskussion zu dem erarbeiteten Thema (S. 58 f.)

7 Projekt (Project work)

S. steuern einen gemeinsamen Arbeitsprozess produktorientiert.
S. arbeiten in Projekten in der Regel arbeitsteilig, handlungsorientiert, planvoll und weitgehend selbstgesteuert an einem definierten Vorhaben. Ihre kollektive Arbeit ist erfahrungsbezogen und zielgerichtet, da ein gemeinsames Endprodukt angestrebt wird.

* Plenum und Projektgruppen
* ab Jahrgangsstufe 1

Literatur

BRENNER, GERD: Methodentraining: Projekt Medien und Meinungsbildung. Berlin 2002 (materialgestütztes Gesamtmodell für ein Projekt), S. 3 ff. und vordere Innenklappe

EMER, WOLFGANG/LENZEN, KLAUS-DIETER: Projektunterricht gestalten – Schule verändern, 2. korr. Aufl., Baltmannsweiler 2005

FREY, KARL: Die Projektmethode. 9. Aufl., Weinheim, Basel 2002

KLEIN, KERSTIN: Lernen mit Projekten. In der Gruppe planen, durchführen, präsentieren. Mülheim/Ruhr 2008

PETERSSEN, WILHELM H.: Kleines Methoden-Lexikon. München 1999, S. 236 ff.

REICH, KERSTEN: Konstruktivistische Didaktik. Lehr- und Studienbuch mit Methodenpool, Weinheim und Basel 2008, Methoden-CD

Standardbezug

Alle Kompetenzbereiche

Vorbereitungen und Ablauf

Mit den o.g. Zielen folgt das Projekt einer bestimmten Prozesslogik, sobald das Thema – etwa mit Verfahren wie → Schneeball (S. 27 f.) oder → Kartenabfrage (S. 42 ff.) – festgelegt worden ist.

Das eigentliche Projekt umfasst dann die folgenden Schritte:

* Das Thema entdecken: Die S. erkunden, welche Dimensionen das Thema umfasst. Dabei geht es u. a. auch darum, Gegenstandsbereiche zu entdecken, die bisher noch nicht im Wahrnehmungshorizont der S. lagen. Die Lehrperson kann in dieser Phase eine für das Projektziel anregende Lernumgebung mit Materialauslage etc. schaffen. Zugleich kann auf viele Rechercheverfahren hingewiesen werden (z. B. → Erkundung, S. 31 f.).

- Das Projekt planen: Nachdem die S. die Materialdimensionen ihres Themas und mögliche methodische Umsetzungsmöglichkeiten kennengelernt haben, bilden sie Projektgruppen und planen ihren Arbeitsprozess inhaltlich und zeitlich.
- Das Projekt durchführen: Im Hauptteil des Projekts tauschen sie eigene Erfahrungen im Rahmen des Themas aus; außerdem erkunden sie Einzelheiten und recherchieren weiter zum Thema mit Verfahren wie den oben genannten. Teilgruppen müssen sich in dieser Phase regelmäßig abstimmen.
- Ein Produkt präsentieren: Die S. erarbeiten ihre Informationen (s. u.) bis zur Präsentationsreife und gehen mit ihrem Produkt an eine Öffentlichkeit (z. B. mit einer Ausstellung oder einem → Portfolio, S. 39 ff.).
- Das Projekt auswerten: Abschließend schätzen die S. ihren eigenen Arbeitsprozess selbstkritisch ein (s. u.).

Didaktische Hinweise

Das Projekt ist eines der wichtigsten Verfahren, mit denen S. ihre Methodenkompetenz erfahren und verbessern können. Da verschiedene Prozess-Schritte logisch ineinandergreifen und voneinander abhängen, sind die S. angehalten, langfristig zu planen, bei der Umsetzung Zeitpläne aufzustellen und sich selbst um deren Einhaltung zu bemühen. Das Projekt trainiert außerdem in besonderer Weise die Zusammenarbeit von S. und wirkt der oft kleinschrittig-zerstückelnden Arbeitsweise vieler Unterrichtsabläufe entgegen (vgl. Brenner 2002, S. 3).

In einzelnen Phasen des Projekts sind bestimmte Formen methodischer Unterstützung sinnvoll:

- Damit S. *ein Thema intensiver entfalten und entdecken* können, kann man Methoden wie → Brainstorming (S. 30 f.) oder → Mindmap (S. 45 ff.) einsetzen.
- Bei der *Projektplanung* können methodische Hilfen nützlich sein, die den S. einen Überblick darüber verschaffen, welche Aufgaben/Themengebiete noch bearbeitet werden müssen.
- Bei der *Auswertung* eines Projekts sollten möglichst anregende Methoden der Evaluation eingesetzt werden (z. B. → Feedbackbrief S. 78 f. oder → Stimmungsbarometer S. 79 f.).

Anschlussaufgabe

- Portfolio (S. 39 ff.)

Lernen begleiten und dokumentieren

8 Beobachtungsbericht

S. setzen sich mit ihrem Verhalten auseinander.
S., die zu sozialen Störungen im Klassenverband oder zur Lernverweigerung neigen, denken regelmäßig über ihr Verhalten nach und bekommen dazu von der Lehrperson ebenso regelmäßig eine Rückmeldung. Ihre Selbstwahrnehmung wird so immer wieder mit einer Fremdwahrnehmung konfrontiert.

- Einzelarbeit
- gesondertes Heft
- ab Jahrgangsstufe 1

Literatur
PARADIES, LIANE/LINSER, HANS-JÜRGEN/GREVING, JOHANNES: Diagnostizieren, Fordern und Fördern, Berlin 2007, S. 177 ff.

Standardbezug
Vor allem die Kompetenzbereiche 3.1 und 3.2

Vorbereitungen und Ablauf
Am Ende jeder Unterrichtsstunde trägt der S. in ein Beobachtungsheft ein, wie er sich seiner Meinung nach in dieser Stunde verhalten hat. Dabei sollte er besonders auf Aspekte eingehen, die in letzter Zeit Gegenstand von Beschwerden der Mits. bzw. der Lehrperson waren. Die Lehrperson zeichnet den Kurzbericht nach der Stunde ab und ergänzt evtl. einen eigenen Kommentar. Lassen sich die Verhaltensprobleme des S. schulintern nicht rasch genug lösen, können die Eltern gebeten werden, das Berichtsheft mindestens einmal pro Woche zur Kenntnis zu nehmen und diese Gelegenheit zu nutzen, mit ihrem Kind zu sprechen. Das Verfahren ist zeitlich begrenzt und wird z.B. nach einem Monat ausgesetzt, kann aber jederzeit wieder aufgenommen werden.

Didaktische Hinweise

Bei gravierenden Verhaltensproblemen wird einem S. gezeigt, dass man regelmäßig auf ihn achtet. Voraussetzung für eine erfolgreiche Anwendung der Methode ist allerdings, dass dem auffälligen S. tatsächlich ein Verhaltensspielraum zur Verfügung steht, den er aus eigener Entscheidung heraus nutzen kann. Zentraler Effekt des Verfahrens ist es, dass der betroffene S. ein oft problematisches Selbstbild nicht mehr ohne weiteres aufrechterhalten kann, wenn es laufend mit Wahrnehmungen anderer (Lehrperson, Eltern) konfrontiert wird.

Anschlussaufgabe

• Elterngespräch und/oder disziplinarische Maßnahmen

9 Lernplakat

S. gestalten eine Merk- und Orientierungshilfe.
Auf Lernplakaten fassen S. wichtige Aspekte von Lerneinheiten zusammen. Die S. gestalten das Plakat entweder zu Hause in ihrem Zimmer oder gemeinsam im Klassenraum, damit sie immer wieder an wichtige Daten, Regeln, Formeln, Begriffe, grammatische Strukturen oder Klassenvereinbarungen erinnert werden und sich diese merken.
• Einzelarbeit, Plenum
• Wandzeitung u.Ä.
• ab Jahrgangsstufe 1

Literatur

PARADIES, LIANE/LINSER, HANS JÜRGEN: Üben, Wiederholen, Festigen. Berlin 2003, S. 125 ff.

Standardbezug

Texte präsentieren
• verschiedene Medien für Präsentationen nutzen

Vorbereitungen und Ablauf

Ein großer Karton, ein Abschnitt einer Zeitungs- oder einer Tapetenrolle wird gut sichtbar aufgehängt. Für Notizen wird ein dicker Filzstift bereitgelegt. Das Lernplakat wird so angebracht, dass es den S. immer wieder ins Auge fällt und daher als Merkhilfe seine Wirkung entfaltet. Es wird nach und nach mit wichtigen Informationen beschriftet, die sich aus dem Unterricht ergeben. Diese werden möglichst knapp gefasst und übersichtlich gestaltet. Wenn die Informationen des Lernplakats nach einiger Zeit im Gedächtnis der S. verankert sind, wird es durch ein neues ersetzt.

Didaktische Hinweise
Lernplakate können evtl. zunächst von der Lehrperson, dann aber zunehmend auch von S. selbst gestaltet werden. Auch persönliche Lernplakate, die zu Hause aufgehängt werden, sollten so platziert sein, dass sie den S. mehrmals am Tag auffallen (z. B. auf dem Türblatt des eigenen Zimmers). Auf diese Weise können u. a. auch auswendig zu lernende Gedichte notiert werden, die S. sich nur schwer merken können.

10   Lernjournal/Lerntagebuch

S. reflektieren Lernprozess und Lernerfolg.
In einem Lernjournal dokumentiert ein S. seine persönlichen Lernfortschritte, aber auch Probleme und Schwierigkeiten beim Lernen. Das Journal stellt einen methodischen Rahmen bereit, der den S. hilft, über Lernprozesse nachzudenken, ihre Lernkompetenz auszuweiten und ihre Selbststeuerung zu verbessern. (Lerntagebücher werden nicht benotet.)
* Einzelarbeit
* Tagebuch
* ab Jahrgangsstufe 3

Literatur
BASTIAN, JOHANNES u. a.: Feedback-Methoden. Weinheim 2003, S. 128 ff.
PARADIES, LIANE/LINSER, HANS JÜRGEN: Üben, Wiederholen, Festigen. Berlin 2003, S. 129 ff.
REICH, KERSTEN: Konstruktivistische Didaktik. Lehr- und Studienbuch mit Methodenpool, Weinheim und Basel 2008, Methoden-CD

Standardbezug
Kompetenzbereiche 3.1 bis 3.3

Vorbereitungen und Ablauf
Jeder S. schafft sich ein Lerntagebuch an. Das Einrichten wird mit den S. ausführlich besprochen. Dabei werden insbesondere die Ziele des Verfah-

rens hervorgehoben. Anschließend werden Vereinbarungen zum Eintragungsrhythmus getroffen (z.b. nach jeder Unterrichtsstunde, in der Mitte und am Ende der Woche, wöchentlich – mindestens: nach jeder Unterrichtseinheit). Es wird darauf hingewiesen, dass das Lerntagebuch auch und gerade in Gruppenarbeitsphasen geführt werden soll.
In einem Fach (oder mehreren Fächern) macht jeder S. regelmäßig Eintragungen in sein Lerntagebuch. Dieses wird von jedem S. selbst aufbewahrt. Regelmäßig erhalten die S. Gelegenheit, ihre Eintragungen noch einmal zu rekapitulieren und dann ihre Eindrücke im Unterricht wiederzugeben (vgl. Hinweise zur Weiterarbeit). Bei Lernproblemen einzelner S. kann das Lernjournal auch Grundlage sein für ein Beratungsgespräch, für Vereinbarungen über ergänzende Übungen und für die gemeinsame Reflexion zum persönlichen Lernverhalten.

Didaktische Hinweise

Lerntagebücher dokumentieren den Unterricht und das schulische Leben aus der individuellen Sicht eines S. Einige S. entwickeln Lernjournale so weiter, dass sie Basis für Wiederholungsübungen sein können. Sie halten in ihrer eigenen Sprache fest, wie sie etwas verstanden haben. Ein Lernjournal erfordert einen relativ hohen Zeitaufwand, denn dieses Verfahren ist nur dann sinnvoll, wenn es über längere Zeit durchgehalten wird, damit die S. in Lernprozessen eine merkliche Selbststeuerungskompetenz entwickeln.
Nach der Einführung des Lernjournals kann den S. zunächst am Ende jeder Unterrichtsstunde Zeit gegeben werden, entlang eines Leitfadens (s.u.) Eintragungen in ihr Journal vorzunehmen. (Die Lehrperson kann diese Zeit ihrerseits für Notizen über die Stunde/die Schüler etc. nutzen.) Die Eintragungen werden evtl. zu Hause ergänzt. Wenn sich die S. an das Journal gewöhnt haben, kann dazu übergegangen werden, das Tagebuch zu Hause zu führen. Am Anfang der nächsten Stunde kann den S. Gelegenheit gegeben werden, Fragen zu Sachverhalten zu stellen, die für sie in der letzten Stunde unklar geblieben sind. Lerntagebücher können von S. und Eltern auch zu Sprechstunden und Elternsprechtagen mitgebracht werden, um konkrete Beratungen zu ermöglichen.

Für ihre Eintragungen in das Lernjournal können die S. sich z.B. folgende Fragen stellen:
- Was habe ich gelernt?
- Was möchte ich noch lernen?
- Habe ich einige Sachverhalte nicht richtig begriffen? Welche?
- Was habe ich gerne/nicht gerne gemacht?

- Welche Schwierigkeiten hatte ich mit dem Stoff?
- Welche Probleme gab es mit Mitschülern?
- Wie schätze ich meinen Anteil am Gruppenergebnis/am Ergebnis der Klasse ein?
- Was mache ich das nächste Mal genauso?
- Was mache ich das nächste Mal anders?

Anschlussaufgaben
- Stimmungsbarometer (S. 79 f.)
- Feedback-Brief (S. 78 f.)

Gruppen gestalten und begleiten

11 Schneeball

S. einigen sich auf die wichtigsten Aspekte eines Unterrichtsthemas.
Bei dieser Methode artikulieren und reflektieren alle S. zu einem Thema ihre
Meinungen und Interessen.
* Einzel- bis hin zur Plenumsarbeit
* DIN-A5-, DIN-A4- und DIN-A3-Blätter
* ab Jahrgangsstufe 3

Standardbezug
3.1 Sprechen und Zuhören

Gespräche führen
* sich an Gesprächen beteiligen,
* gemeinsam entwickelte Gesprächsregeln beachten: z.B. andere zu Ende
  sprechen lassen, auf Gesprächsbeiträge anderer eingehen, beim Thema
  bleiben,
* Anliegen und Konflikte gemeinsam mit anderen diskutieren und klären
zu anderen sprechen
* an der gesprochenen Standardsprache orientiert und artikuliert sprechen,
* Wirkungen der Redeweise kennen und beachten,
* funktionsangemessen sprechen: erzählen, informieren, argumentieren,
  appellieren,
* Sprechbeiträge und Gespräche situationsangemessen planen
verstehend zuhören
* Inhalte zuhörend verstehen,
* gezielt nachfragen,
* Verstehen und Nicht-Verstehen zum Ausdruck bringen

Vorbereitungen und Ablauf
Die S. werden gebeten, zu einem Unterrichtsthema fünf für sie wichtige As-
pekte auf ein DIN-A5-Blatt zu schreiben. Anschließend bespricht sich jeder
S. mit dem Nachbarn. Die Zweiergruppen müssen sich jeweils auf sechs As-

pekte einigen, die auf einem DIN-A4-Blatt festgehalten werden. In einem weiteren Schritt schließen sich jeweils zwei Paare zu einer Vierergruppe zusammen, die sich wiederum – nach einer kurzen Diskussion – auf sechs Aspekte einigen soll. Diese werden in großer Schrift auf ein DIN-A3-Blatt geschrieben. Bei einer Klassengröße bis etwa 20 S. ist das Schneeballverfahren mit den Vierergruppen beendet. Bei mehr als 20 S. werden noch Achtergruppen gebildet, die sich dann auf acht Aspekte einigen müssen und diese wiederum auf einem DIN-A3-Blatt festhalten. Die DIN-A3-Blätter werden abschließend gut sichtbar aufgehängt und im Plenum besprochen.

Didaktische Hinweise
Bei diesem Verfahren macht sich zunächst jeder S. eigene Gedanken zum Thema, die er dann im Zweiergespräch erläutern muss. Auf diese Weise werden auch stillere S. dazu animiert, sich am Planungsgeschehen zu beteiligen. Das Verfahren hat aktivierenden Charakter, da seine Prozesslogik alle S. ins Spiel bringt.

Anschlussaufgaben
• Gemeinsame Vereinbarung zu Unterrichtsschwerpunkten

12 Zurückspulen

S. registrieren Äußerungen anderer genau und geben sie wieder.
Das Verfahren trainiert die Aufmerksamkeit der S. in Unterrichtsphasen, in denen diese nachzulassen droht oder mehrere S. offensichtlich nicht mehr „bei der Sache" sind.
• Plenum
• ab Jahrgangsstufe 1

Standardbezug
Kompetenzbereich 3.1

Vorbereitungen und Ablauf
Die Lehrperson führt in der Lerngruppe ein Ritual ein, das auf das Stichwort „Zurückspulen" hin jederzeit aktiviert werden kann:
• Alle Äußerungen in der kommenden Minute sollen möglichst genau „gespeichert" werden.
• Ein S. stoppt die Zeit, während das Gespräch im Plenum weitergeht.

- Nach genau einer Minute unterbricht er das Gespräch. Es wird ein S. bestimmt, der „zurückspulen", also alle Äußerungen in der richtigen Reihenfolge möglichst wortwörtlich wiederholen soll.
- Eine kurze Rückmeldung zur „Aufnahme-" und „Wiedergabeleistung" schließt die Rückspul-Runde ab.

Didaktische Hinweise

In Gang setzen können dieses Verfahren auch zwei S., die für die Dauer einer Unterrichtsstunde beauftragt sind, dafür zu sorgen, dass in einer Lerngruppe alle konzentriert mitarbeiten. Variante: Es wird bereits zu Beginn einer Rückspul-Runde festgelegt, wer die Wiedergabe übernehmen soll.

Recherchieren und erkunden

13 Brainstorming

S. arbeiten sich spontan in ein Thema ein.
Ein Brainstorming (dt. Ideenwirbel) sorgt dafür, dass S. zu Beginn einer Unterrichtsreihe ein Thema mit Kurzäußerungen umreißen können. Dabei reagieren sie aufeinander und führen Gedanken anderer in rascher Folge fort. Die S. bringen mit dem Verfahren stichpunktartig Vorerfahrungen und Vorwissen zum angegebenen Thema zur Sprache.
* Plenum, Gruppenarbeit
* Tafel, Overheadprojektor
* ab Jahrgangsstufe 1

Literatur
REICH, KERSTEN: Konstruktivistische Didaktik. Lehr- und Studienbuch mit
    Methodenpool, Weinheim und Basel 2008, Methoden-CD

Standardbezug
Alle Kompetenzbereiche

Vorbereitungen und Ablauf
Auf einen Ausgangsimpuls hin, z.B. eine Frage (s.u.), äußern die S. knapp erste Gedanken zu einem Thema. Sie müssen sich dazu nicht melden, sondern rufen ihre Kurzstatements in den Raum. Während des Brainstormings sollen die S. die Äußerungen ihrer Mits. nicht bewerten oder kritisieren, um deren Äußerungsbereitschaft nicht zu blockieren. Einige S. können die Äußerungen ihrer Mitschüler ungeordnet an der Tafel, auf einer Folie für Overheadprojektoren oder auf Karteikarten notieren. Werden einige Äußerungen offensichtlich nicht erfasst, können die betroffenen S. diese wiederholen, bis sie notiert worden sind. Die notierenden Mits. können durch Blickkontakt etc. kurz bestätigen, dass sie eine Äußerung wahrgenommen haben.

Didaktische Hinweise
Das Verfahren kann zeitlich präzise eingegrenzt werden; es lässt sich daher in der Stundenplanung gut verwenden. Das Brainstorming verleitet manch-

mal einige S. zu provozierenden Äußerungen. Mögliche Fragestellungen sind:

* Was verbindet ihr mit diesem Thema?
* Was verbindet ihr mit diesem Wort?
* Was wollt ihr zu diesem Thema wissen?
* Wer könnte etwas über dieses Thema wissen?

Anschlussaufgaben

* Themenspeicher (S. 61 f.)
* Metaplan (S. 42 ff.)
* Traditionelle Recherchen und Internetrecherchen wie Webquest (S. 32 ff.)

14 Erkundung

S. setzen sich mit einer bestimmten Fragehaltung einer Erfahrung aus.
Mit dieser Methode erkunden S. einen für sie bisher wenig bekannten Ort (z. B. einen Betrieb, ein Naturschutzgebiet, einen sozialen Brennpunkt). Sie verlassen dazu die Schule und lernen gesellschaftliche Wirklichkeit durch eigene Anschauung kennen.

* Gruppenarbeit, Plenum
* Fotoapparat, Videokamera, Notizblöcke
* ab Jahrgangsstufe 1

Literatur

GRILLMEYER, SIEGFRIED/WIRTZ, PETER (Hrsg.): Ortstermine. Politisches Lernen an historischen Orten. Schwalbach/Ts. 2006

KLEIN, MICHAEL: Exkursionsdidaktik. Eine Arbeitshilfe für Lehrer, Studenten und Dozenten, Baltmannsweiler 2007

PETERSSEN, WILHELM H.: Kleines Methoden-Lexikon. München 1999, S. 72 ff.

REICH, KERSTEN: Konstruktivistische Didaktik. Lehr- und Studienbuch mit Methodenpool, Weinheim und Basel 2008, Methoden-CD

Standardbezug
Kompetenzbereiche 3.1 bis 3.3

Vorbereitungen und Ablauf

Vor der Erkundung bauen die S. durch vorbereitende Gespräche Interessen-
horizonte auf und formulieren evtl. bereits konkrete Fragen für Kontakte mit
Gesprächspartnern. Solche Kontakte können vorweg arrangiert werden, damit den S. an Ort und Stelle von Ortskundigen die „Augen geöffnet" werden.
Während der Erkundung werden intensiv Beobachtungen gemacht; diese
werden evtl. mit (Video-)Kameras festgehalten. Hinzu kommen Notizen zu
Eindrücken und Einsichten. Hintergrundinformationen werden durch Sach-
verständigenbefragungen am Ort eingeholt.

Didaktische Hinweise

Als alternative Bezeichnungen werden auch Lerngang oder Exkursion verwendet. Erkundungen können

• S. in ein Thema einführen und ihre Motivation durch konkrete Erfahrungen in der Lebenswelt steigern;
• im Unterricht erarbeitete Fragehorizonte, Theorien etc. nutzen, um Real-
  erfahrungen in der Lebenswelt verarbeiten zu können.

Da S. bei Erkundungen einen erhöhten Wahrnehmungsdruck verspüren,
sollten die Erkundungsphasen nicht zu lang sein. Wichtig ist eine Auswertung durch Einordnen der Erfahrungen in Wissenshorizonte der S.

Anschlussaufgabe

• Portfolio (S. 39 ff.)

15 WebQuest

S. nutzen Fragenkatalog als Orientierung für Internetrecherche.

Ein WebQuest ist ein computerbasiertes Lernarrangement. Den S. wird eine
Fragestellung oder eine Problemsituation präsentiert, zu deren Beantwortung bzw. Lösung sie selbsttätig und zielgerichtet im Internet recherchieren
sollen. Dabei werden sie durch vorgegebene Suchimpulse unterstützt. Ihnen
wird am PC eine Lernumgebung geboten, die die Wahrscheinlichkeit von
Rechercheerfolgen deutlich erhöht, zugleich aber noch genügend Spielraum
für eigenes Suchen lässt.

• Einzel- oder Partnerarbeit
• PCs mit Internetzugang, CD-Roms u. a.
• ab Jahrgangsstufe 3

Literatur

FRECH, SIEGFRIED: Das Internet – Recherchieren und Informieren. In: Bundeszentrale für politische Bildung: Methodentraining für den Politikunterricht, Bonn 2004, S. 65 ff.

MOSER, HEINZ: Abenteuer Internet. Lernen mit WebQuests. Zürich 2000
Interessante Internetadresse: www.webquests.de

Standardbezug
über Leseerfahrungen verfügen

* sich in einer Bücherei orientieren, Angebote in Zeitungen und Zeitschriften, in Hörfunk und Fernsehen, auf Ton- und Bildträgern sowie im Netz kennen, nutzen und begründet auswählen
* Informationen in Druck- und – wenn vorhanden – elektronischen Medien suchen

Vorbereitungen und Ablauf

Das Verfahren geht davon aus, dass S. bei Recherchen im Internet ein Suchkonzept benötigen, das von der Lehrperson vorbereitet werden sollte. Dazu stellt sie aufgrund eigener Recherchen eine Sammlung interessanter Links zu einem Recherchevorhaben zusammen. Je nach Alter und Interneterfahrung der S. werden die Such-Operationen unterschiedlich detailliert angegeben. Ein Arbeitsauftrag könnte z. B. wie folgt lauten: *Gehe auf die folgende Internetseite: www. ... und gehe dann im Index auf den Link ... Recherchiere dort die Antwort auf die Frage ...*

Als Einstieg in ein WebQuest erhalten die S. eine thematische Orientierung (z. B. eine Frage oder eine kurze Problemdarstellung). Diese mündet in eine Aufgabenstellung, die in Teilgruppen gelöst werden kann. Die Lehrperson stellt dann eine Materialübersicht vor, die Internetlinks, evtl. aber auch Verweise auf CD-ROMs oder bereitliegende Printmaterialien enthält (s. u.). Die darauffolgende Recherche kann dadurch unterstützt werden, dass die S. zu ihrem Material eine Reihe erschließender Fragen erhalten, die sie beantworten sollen. Die Lehrperson berät die S. als Recherche-Coach. Eine Präsentation und Auswertung der Rechercheergebnisse im Plenum schließt das WebQuest ab.

Didaktische Hinweise

Das Verfahren, das in den 1990er-Jahren in den USA entwickelt wurde, macht es möglich, die Internetrecherche dem Alter und den jeweiligen Kompetenzstufen der S. anzupassen und so Misserfolgserlebnisse zu vermeiden. Zudem vermittelt es S. Möglichkeiten des effektiven Umgangs mit der Informationsflut des Internets. Das methodische Verfahren beim WebQuest und die Chancen dieser Methode sollten nach Abschluss eines Rechercheprojekts reflektiert werden.

Anschlussaufgabe
- Portfolio (S. 39 ff.)

16 Dreier-Interview

S. interviewen sich wechselseitig zu einem gemeinsamen Thema.
Die S. entfalten ein Thema in einer Kleingruppe, indem jeder abwechselnd in den Mittelpunkt gerückt wird und seine Vorkenntnisse und Interessen formuliert. Der Arbeitsprozess wird über drei verschiedene Rollen gesteuert, die von jedem nacheinander eingenommen werden. Dabei hören die S. aktiv zu, fragen gezielt nach und paraphrasieren möglichst exakt.
- Gruppenarbeit, Plenum
- Protokollblatt
- ab Jahrgangsstufe 1

Standardbezug
Kompetenzbereiche 3.1 und 3.2

Vorbereitungen und Ablauf
Die Lerngruppe wird in Dreiergruppen aufgeteilt. Den S. werden dann die Rollen kurz vorgestellt und bei Bedarf erklärt:
- Interviewer,
- Befragter,
- Protokollant
Anschließend finden drei Interviews statt, wobei jeder einmal jede der drei Rollen übernimmt. Mögliche Fragestellungen:
- Was weißt du über das Thema?
- Woher weißt du das?
- Was ist für dich bei diesem Thema besonders wichtig?
Die Protokolle können in einer → Mindmap (S. 45 ff.) zusammengefasst werden, bevor die Gruppe ihre Ergebnisse im Plenum vorstellt.

Didaktische Hinweise

Am Beginn eines Unterrichtsvorhabens beteiligt die Methode alle S. sehr intensiv und umfassend an der Feststellung der Ausgangslage und bereitet Schwerpunktentscheidungen vor. Das Verfahren kann auch bei anderen Methoden wie dem → Projekt (S. 20 f.) sinnvoll eingesetzt werden.

Anschlussaufgabe

• Planung eines Unterrichtsvorhabens

17 Rollenspiel (Role play)

S. gestalten und entwickeln soziale Rollen in gruppendynamischer Form.
Rollenspiele ermöglichen es S., Situationen – insbesondere konflikthafte Situationen – möglichst realitätsgerecht aktional nachzuvollziehen und nach Lösungsmöglichkeiten für Probleme zu suchen. Dabei kann es sich um Interrollenkonflikte (Konflikte zwischen verschiedenen Rollenträgern) oder um Intrarollenkonflikte (widerstrebende Erwartungen an den Träger einer Rolle) handeln. In der Gestaltung eines Rollenspiels geht es für die S. einerseits um Role-taking (Rollenübernahme, Einfühlung in eine Rolle und Identifikation mit ihr), andererseits aber auch um Role-making (Ausfüllen und Erweitern der Verhaltenspotenziale, die in einer Rolle stecken). Durch Probehandeln erschließen sich die S. auch solche Verhaltensoptionen, die bislang nicht zu ihrem Verhaltensspektrum gehörten. Sie entwickeln zugleich ihre Fähigkeit der Wahrnehmung sozialer Abläufe und ein erhöhtes Bewusstsein eigener Verhaltensweisen.
• Gruppenarbeit
• Rollenkarten
• ab Jahrgangsstufe 3

Literatur

BROICH, JOSEF: Rollenspiel-Praxis. Köln 1999

GUGEL, GÜNTHER: Methoden-Manual II: Neues Lernen. Weinheim 2003, S. 87 ff.

FISCHER, VERONIKA u. a.: Handbuch interkulturelle Gruppenarbeit. Schwalbach/Ts. 2001, S. 221 ff.

PETERSSEN, WILHELM H.: Kleines Methoden-Lexikon. München 1999, S. 255 ff.

REICH, KERSTEN: Konstruktivistische Didaktik. Lehr- und Studienbuch mit Methodenpool, Weinheim und Basel 2008, Methoden-CD
SCHALLER, ROGER: Das große Rollenspiel-Buch. Grundtechniken, Anwendungsformen, Praxisbeispiele. Weinheim, Basel 2001

Standardbezug
szenisch spielen
- Perspektiven einnehmen
- sich in eine Rolle hineinversetzen und sie gestalten
- Situationen in verschiedenen Spielformen szenisch entfalten

Vorbereitungen und Ablauf
Für die zu spielenden Rollen können Rollenkarten (s. o.) vorbereitet werden, die die spezielle Ausgangslage für die handelnde Person (persönliche Daten, Lebenslauf), ihr bisheriges Verhaltensspektrum sowie ihre Ansichten und Meinungen skizzieren.
Zunächst werden die Rollen zugeteilt (z. B. über freiwilliges Melden, Verlosen). Dann wird das Spiel durch spontane soziale Aktion im Rahmen der vorgegebenen Rollen entwickelt. Nach einer zuvor festgelegten Zeit (5 bis 10 Minuten) erfolgt eine Reflexionsphase, in der über die Rollenausfüllung der Spieler, die Konfliktgestaltung und -lösung nachgedacht wird (siehe Tipps zur Umsetzung). Mit dem neuen Bewusstseinsstand kann das Spiel dann bei gleicher oder veränderter Rollenbesetzung wiederholt werden.

Didaktische Hinweise
Das pädagogische Rollenspiel grenzt sich von rein trainierenden Ansätzen dadurch ab, dass es hier nicht darum geht, Normen, Werte und sonstige Rollenelemente unreflektiert zu übernehmen; vielmehr sollen Rollen und ihre Anforderungen kritisch betrachtet werden können. Neben Empathie wird so auch Rollendistanz entwickelt.
Rollendistanz kann entwickelt werden durch Rollenrotation, Rollentausch und Beiseitetreten (kurzes Verlassen der „Bühne", um die Situation von außen zu betrachten und aus dieser Perspektive heraus neue Verhaltensimpulse zu erhalten).
Rollenspiele erlauben insgesamt ein Probehandeln, bei dem auch ungewohnte oder als problematisch empfundene Verhaltensweisen durchgespielt werden können.

Für die Auswertung eines Rollenspiels können folgende Fragen zugrunde gelegt werden:

- Wie haben die Spieler ihre Rollen und die damit verbundenen Herausforderungen empfunden?
- Haben die Spieler ihre Rollen sprachlich, gestisch und mimisch angemessen ausgefüllt und entwickelt?
- Welche Ziele hat jeder Spieler verfolgt?
- Wer hat sich womit warum durchgesetzt?
- Welche sozialen Mechanismen wurden in dem Spiel deutlich?
- Welche Verhaltensalternativen wären an welchen Stellen denkbar gewesen?

Anschlussaufgabe
- Verschriftlichung einer Szene(nfolge)

18 Mitschrift

S. dokumentieren Aussagen anderer in geordneter Weise.
Die Mitschrift kann bei Erkundungsverfahren eingesetzt werden (z.B. bei Befragungen oder Interviews), aber auch bei → Diskussionen (S. 55 ff.) oder in Unterrichtsstunden, die wichtige Informationen z.B. für Prüfungen vermitteln. Die S. schreiben dabei in strukturierter und planvoller Weise mit, um auf die Äußerungen anderer später gezielt zurückgreifen zu können oder um das Notierte für eine vertiefende Verarbeitung zu nutzen. Sie reduzieren und gestalten Informationen so, dass sie für sie bedeutungsvoll und nutzbar werden.
- Einzelarbeit
- Blätter mit Satzspiegel (vgl. Grafik S. 67 ff.)
- ab Jahrgangsstufe 3

Literatur
METZIG, WERNER/SCHUSTER, MARTIN: Lernen zu lernen. Lernstrategien wirkungsvoll einsetzen. 6. Aufl., Berlin u. a. 2003, S. 37 ff.

SCHRÄDER-NAEF, REGULA: Rationeller Lernen lernen. Ratschläge und Übungen für alle Wissbegierigen. 19. Aufl., Weinheim, Basel 2000, S. 154 ff.

Standardbezug
Kompetenzbereich 3.2

Vorbereitungen und Ablauf

Die S. haben vorbereitete Mitschriftbögen (s. S. 39) zur Hand, die am besten gelocht in Ringheftern aufgehoben werden. So können leicht Ergänzungen vorgenommen und Blätter umgeheftet werden. Auf den Blättern sollte genügend Rand für nachträgliche Ergänzungen bleiben.

Die S. erhalten den Auftrag, bei einem Lehrgespräch oder einem → Referat (S. 63 ff.) eines Mits. gedanklich verarbeitend mitzuschreiben.
Sie sollen dabei

- den Gedankengang des Vortrags permanent zu überblicken versuchen, damit sie zwischen wichtigen und nebensächlichen Aussagen unterscheiden können;
- nur die zentralen Informationen notieren, also keineswegs alles mitschreiben, weil sie sonst den Anschluss an den Redefluss und Gedankengang des Vortragenden verlieren können;
- Daten, Zahlen und wichtige Namen auf jeden Fall notieren;
- abkürzende Symbole verwenden, um Zeit zu gewinnen;

- die Notizen auf vorbereiteten, für die Nacharbeit sinnvoll gegliederten Blättern festhalten (s. S. 39) und diese am besten nur einseitig beschreiben;
- zeitnah nach der Mitschrift am Rand weitere gedanklich weiterführende Notizen machen (s. S. 39), die das Gehörte einerseits begrifflich bündeln und es einem Thema zuordnen, andererseits sollten sie beim Nach-Denken sich ergebende offene Fragen festhalten (Muster s. S. 39).

Didaktische Hinweise

In einer Mitschrift leisten S. eine vertiefende Verarbeitung: „Das Mitschreiben gibt dem Lernenden eine Orientierungsaufgabe, die ihn zu einer tieferen Verarbeitung des Stoffs anhält, während das Zuhören leicht zu einer oberflächlichen Verarbeitung der Information werden kann" (METZIG/SCHUSTER, S. 139). Es ist nachgewiesen, dass Lernende, die zu dargebotenem Stoff Notizen anfertigen, mehr wichtige Informationen behalten als solche, die nur zuhören (METZIG/SCHUSTER, S. 37 f.). In allen Fächern können S. daher insbesondere in den für eine Klassenarbeit besonders relevanten Stunden zu gezielten Mitschriften angehalten werden.

Für eine Mitschrift kann das folgende Muster verwendet werden:

Thema	Besonderer Aspekt
4 – 5 zentrale Begriffe ↓	Unterrichtsmitschrift ...
	Offene Fragen, die sich nach dem Durchlesen ergeben → Lexikon → Lehrer etc.

Anschlussaufgabe
• Gezielte Vorbereitung auf eine Klassenarbeit

19 Portfolio

S. stellen recherchierte Materialien und eigene Arbeiten zusammen und kommentieren sie.
Das Portfolio ist eine besondere Form der Sammelmappe. Die S. präsentieren in einem Portfolio Arbeitsergebnisse so, dass sie auf den eigenen Lernfortschritt aufmerksam machen. Dabei entwickeln sie ein individuelles Qualitätsbewusstsein für ihre Arbeit und Verantwortung für den eigenen Lernprozess.
• Einzelarbeit
• Ordner/Mappe
• ab Jahrgangsstufe 2

Literatur
BOSTELMANN, ANTJE: Das Portfolio-Konzept in der Grundschule. Individualisiertes Lernen organisieren. Mülheim/Ruhr 2006
BRUNNER, ILSE/HÄCKER, THOMAS/WINTER, FELIX (Hrsg.): Das Handbuch Portfolioarbeit. Konzepte, Anregungen, Erfahrungen aus Schule und Lehrerbildung. Seelze 2006

EASLEY, SHIRLEY-DALE/MITCHELL, KAY: Arbeiten mit Portfolios. Schüler fordern, fördern und fair beurteilen. Mülheim/Ruhr 2004
GRACE, CATHY/SHORES, ELIZABETH F.: Das Portfolio-Buch für Kindergarten und Grundschule. Mülheim/Ruhr 2005
RAKER, KATARINA/STASCHEIT, WILFRIED: Was ist Portfolioarbeit? Mülheim/ Ruhr 2007
SCHWARZ, JOHANNA/VOLKWEIN, KARIN/WINTER, FELIX (Hrsg.): Portfolio im Unterricht. 13 Unterrichtseinheiten mit Portfolio. Seelze 2008

Standardbezug
über Lernen sprechen
* Beobachtungen wiedergeben
* Sachverhalte beschreiben
* Begründungen und Erklärungen geben
* Lernergebnisse präsentieren und dabei Fachbegriffe benutzen
* über Lernerfahrungen sprechen und andere in ihren Lernprozessen unterstützen

Kompetenzbereich 3.2

Vorbereitungen und Ablauf
Die S. legen eine Mappe oder einen Ordner an, um darin unterrichtsbezogene Materialien zu sammeln, die sie selbst erstellt bzw. beschafft haben. Portfolios werden von den S. entweder zu einem vereinbarten Thema oder – sortiert nach den unterrichtlichen Themenbereichen – für eine bestimmte Lernphase (z.B. Halbjahr) angelegt. Die S. sammeln in ihren Portfolios repräsentative Dokumente ihres Lerngangs wie

* von ihnen geschriebene Texte, gestaltete Grafiken (darunter aufgearbeitete Mitschriften aus dem Unterricht, Hausaufgaben, aber auch Texte, die auf Eigeninitiative beruhen);
* von ihnen recherchierte und gesammelte Dokumente (z.B. Texte, Bildmaterialien, ausgedruckte Internetseiten);
* Reflexionen zu ihrem Lernstand, so wie sie z.B. auch in einem → Lernjournal (S. 24 ff.) formuliert würden.

Für die Gestaltung ihrer Portfolios sind die S. selbst verantwortlich. Sie sollen sich dabei persönliche Ziele setzen. Auf der Basis von Portfolios kann die Lehrperson bei Bedarf den Lernfortschritt einzelner S. mit diesen zusammen reflektieren und ihnen individuelle Rückmeldungen geben. Alle Portfolios sollten von ihr am Ende ausführlich zur Kenntnis genommen und gewürdigt werden.

Didaktische Hinweise

Das Portfolio (ital.: Brieftasche) war als schulische Unterrichtsmethode zunächst nur im angelsächsischen Raum und in der Schweiz verbreitet; seit einigen Jahren breitet sich das Verfahren auch in Deutschland aus. Es eignet sich besonders als individueller Begleiter offener Unterrichtsformen. Portfolios erlauben Lehrkräften einen detaillierten Einblick in den Lernfortschritt der S. In diesem Sinne sind Portfolios seit längerem in den Bereichen Kunst und Journalismus bekannt, wo Fachleute aufgrund eingereichter Mappen von Bewerberinnen und Bewerbern deren Leistungsvermögen beurteilen. Beim Portfolio handelt es sich um eine subjektorientierte Methode. Sie stärkt die Eigeninitiative der S., da diese für wesentliche Anteile ihres Lernprozesses selbst die Verantwortung tragen. Die Prozesslogik des Portfolios bringt S. dazu, ihre Lernverläufe immer wieder kritisch zu betrachten und systematisch zu reflektieren. Die S. lernen, in der Auseinandersetzung mit ihren eigenen Materialien Selbstbeurteilungen vorzunehmen und diese im Gespräch mit einer Lehrperson (Fremdbeurteilung) zu überprüfen.

In Anlehnung an die angelsächsische Tradition kann ein Portfolio
• ausgewählte Dokumente des Lernprozesses (Best-Work-Portfolio) enthalten, wobei nur die nach eigener Meinung besten Materialien aufgenommen werden (Mindestanzahl notwendig);
• den gesamten Lernprozess mit Dokumenten unterschiedlicher Güte dokumentieren (Growth-and-Learning-Progress-Portfolio).

Beim Best-Work-Portfolio neigen S. z.T. dazu, produktive Irrwege auszuschließen bzw. auf oberflächliche Präsentationsqualität aus zu sein. In einem Vorgespräch sollte erläutert werden, dass solche Tendenzen nicht wünschenswert sind. Das Best-Work-Portfolio hat den Vorteil, dass sich für die Lehrkraft der Umfang der zu prüfenden Materialien reduziert.

Portfolios können am besten in Unterrichtsvorhaben eingesetzt werden, die nur wenig oder gar nicht lehrgangsmäßig angelegt sind und in denen die S. viel Selbstständigkeit und Kreativität entfalten können.

Anschlussaufgabe
• Lerndiagnostisches Gespräch zwischen L. und S.

Informationen strukturieren, verarbeiten, bewerten

20 Kartenabfrage/Metaplan

S. sammeln thematische Aspekte und systematisieren sie für die Weiterarbeit.

Das Verfahren hat eine breit aktivierende Wirkung und erlaubt es den S., ihr Vorwissen bzw. ihre Interessen vielschichtig einzubringen und zu visualisieren. Angesichts einer Fülle von Ideen sorgt die Kartenabfrage anschließend für eine zügige und strukturierende Weiterarbeit, wobei laufend auftretende neue Gesichtspunkte flexibel integriert werden können.

- Einzelarbeit, Plenum
- Karteikarten, Kreppband, Stifte, Tafel o. Pinnwand
- ab Jahrgangsstufe 3 (nicht zu große Lerngruppen)

Literatur

BRENNER, GERD: Methodentraining: Projekt Medien und Meinungsbildung. Berlin 2002, S. 22

MATTES, WOLFGANG: Methoden für den Unterricht. Paderborn 2002, S. 64 f.

PETERSSEN, WILHELM H.: Kleines Methoden-Lexikon. München 1999, S. 197 ff.

REICH, KERSTEN: Konstruktivistische Didaktik. Lehr- und Studienbuch mit Methodenpool, Weinheim und Basel 2008, Methoden-CD

WEIDENMANN, BERND: 100 Tipps & Tricks für Pinnwand und Flipchart. Weinheim 2003, S. 33 ff.

Standardbezug

3.3 Lesen – mit Texten und Medien umgehen

über Lesefähigkeiten verfügen
- altersgemäße Texte sinnverstehend lesen,

Texte erschließen
- Verfahren zur ersten Orientierung über einen Text nutzen,
- gezielt einzelne Informationen suchen,
- Texte genau lesen,
- bei Verständnisschwierigkeiten Verstehenshilfen anwenden: nachfragen,

Wörter nachschlagen, Text zerlegen,
* Texte mit eigenen Worten wiedergeben,
* zentrale Aussagen eines Textes erfassen und wiedergeben,
* Aussagen mit Textstellen belegen,
* eigene Gedanken zu Texten entwickeln, zu Texten Stellung nehmen und mit anderen über Texte sprechen,
* bei der Beschäftigung mit literarischen Texten Sensibilität und Verständnis für Gedanken und Gefühle und zwischenmenschliche Beziehungen zeigen,
* Unterschiede und Gemeinsamkeiten von Texten finden,
* handelnd mit Texten umgehen: z.b. illustrieren, inszenieren, umgestalten, collagieren

Texte präsentieren
* selbstgewählte Texte zum Vorlesen vorbereiten und sinngestaltend vorlesen,
* Geschichten, Gedichte und Dialoge vortragen, auch auswendig,
* ein Kinderbuch selbst auswählen und vorstellen,
* verschiedene Medien für Präsentationen nutzen,
* bei Lesungen und Aufführungen mitwirken

Vorbereitungen und Ablauf
Benötigt werden ein Stapel Karteikarten (ersatzweise DIN-A6-Zettel), eine Rolle Kreppband, Flächen zum Anheften der Karten bzw. Zettel (z.B. Tafel, Pinnwand) und Stifte.

Folgender Ablauf ist für die Schule sinnvoll:
* Alle S. notieren knapp, aber möglichst konkret Ideen/Aussagen zu einem vereinbarten Thema auf den Karteikarten oder Zetteln.
* Jeder geht nach vorne und heftet seine Karteikarten ohne Vorgaben mit Kreppband an die Tafel/Pinnwand.
* Alle S. sichten das Material, stellen sich dann um die Tafel/Pinnwand und suchen nach Oberbegriffen, mit denen man einzelne Ideen/Aussagen zusammenfassen könnte.
* Oberbegriffe, die auf Zustimmung stoßen, weil sich genügend Einzelaussagen darauf beziehen lassen, werden in einer anderen Farbe ebenfalls auf Karteikarten notiert und als „Überschriften" an die Tafel/Pinnwand geheftet. So wird eine Gliederung des Gesamtmaterials eingeleitet.
* Ausgangskarten, die man zuordnen kann, werden durch Zuruf von einzelnen S. unter die Oberbegriffe geheftet. Karten mit identischen oder sehr ähnlichen Notizen werden aufeinandergeheftet.

- Alle prüfen noch einmal kritisch die Zuordnungen und schlagen ggf. das „Umhängen" einzelner Karten vor.
- Jeder S. kann nun noch einmal – angeregt durch das gesichtete Material – Karten ergänzen.

Didaktische Hinweise

Das in Management-Seminaren verbreitete Verfahren stellt in der ursprünglichen Ausformung sehr hohe Anforderungen an Material und Personen. In der Grundschule kann es daher nur in sehr vereinfachter Form angewendet werden. Die S. lernen mit diesem Verfahren u. a., dass Meinungen bzw. Interessen aller in einem intensiven Beteiligungsverfahren erhoben werden können, bevor eine Entscheidung über Arbeitsschwerpunkte getroffen wird. Sie können außerdem die Kategorisierung und Vernetzung von Einzelinformationen trainieren.

Methodische Variationen des Verfahrens:
- Zu Punkt 2 bis 5: Die Ausgangskarten werden nacheinander von einem S. verlesen. Die erste Karte wird angeheftet. Nach jedem Vorlesen einer neuen Karte wird gefragt: „Passt die Karte zu den bisherigen oder ist das ein neues Teilthema?" So wird nach und nach ein Gliederungsprinzip entwickelt.
- Zu Punkt 5: Jeder S. heftet seine eigenen Karten unter die Überschriften. Nach der Sortierphase können die S. die gewonnene Übersicht nutzen, um die Planung des Unterrichts mitzusteuern. Daher eignet sich die Methode sehr gut als Einstieg in offene Unterrichtsformen wie das Projekt (S. 20 f.). Wenn der Kartenaushang für längere Zeit im Klassenraum präsent bleibt, können die S. jederzeit nachvollziehen, in welchem Stadium sich die Arbeit am Thema gerade befindet. Das Verfahren stärkt so die Selbststeuerungskompetenz der S.

Kartenabfragen sind nur bei Unterrichtsvorhaben sinnvoll, bei denen entweder das Vorwissen oder die Meinungen der S. eine tragende Rolle spielen. Das Anforderungsprofil dieser Unterrichtsvorhaben muss zudem offene Arbeitsverfahren zulassen. Nicht geeignet ist das Verfahren für Phasen intensiver gedanklicher Erarbeitung.

Anschlussaufgabe
- Entscheidung (z. B. mithilfe von → Stimmungsbarometer, S. 79 f.), welche der einzelnen „Säulen" der Kartenabfrage zunächst intensiver bearbeitet werden sollen; die restlichen Karten werden für später gut aufgehoben.

21 Mindmap

S. ordnen Gedanken zugleich systematisch und flexibel.
Eine Mindmap ist eine Denk-Landkarte, die eine hierarchische Gliederung
vieler Teilinformationen zu einem Thema grafisch umsetzt. Die Mindmap
erlaubt es, eine Fülle von Informationen nach und nach in eine jederzeit
überschaubare und zugleich änderbare Gliederung zu bringen. Im Denkpro-
zess und bei den Eintragungen kann dabei immer wieder von einer Stelle
der „Landkarte" zu einer anderen gesprungen werden, dennoch bleibt die
Systematik des Gesamtfeldes immer vor Augen.
• Einzel-, Partner-, Gruppenarbeit
• Tafel, Arbeitsblatt, Flipchart, evtl. PC
• ab Jahrgangsstufe 1

Literatur
GUGEL, GÜNTHER: Methoden-Manual I: Neues Lernen. 4. Aufl., Weinheim
 2004, S. 80 f.
MATTES, WOLFGANG: Methoden für den Unterricht. Paderborn 2002, S. 116 f.
PETERSSEN, WILHELM H.: Kleines Methoden-Lexikon. München 1999,
 S. 204 f.
REICH, KERSTEN: Konstruktivistische Didaktik. Lehr- und Studienbuch mit
 Methodenpool, Weinheim und Basel 2008, Methoden-CD

Standardbezug
Alle Kompetenzbereiche

Vorbereitungen und Ablauf
Für eine Mindmap benötigt man ein Blatt Papier (am besten im Querformat)
oder eine leere Tafel bzw. einen Bogen auf einer Flipchart. Mindmaps können auch mithilfe spezieller Software am PC hergestellt werden (s. u.).

Das Mindmapping von Informationen läuft in festgelegten Schritten ab:
• Ins Zentrum der Mindmap wird ein Themenwort gesetzt. Es bezeichnet,
 worum es in der Mindmap geht.
• Für Hauptaspekte der Gliederung werden Hauptäste angelegt, die sich
 anschließend nach außen verzweigen können. Die Hauptäste gliedern das
 Thema in verschiedene wichtige Teilbereiche.
• Jedem Hauptast werden nun mehrere Nebenäste und Zweige zugeordnet,
 auf denen Einzelaspekte des Hauptstrangs notiert werden. Diese Informa-

tionen der untersten Hierarchieebene können je nach Thema Stichworte, aber auch Jahreszahlen, kurze Zitate u.Ä. sein.

Das Verfahren setzt voraus, dass eine Reihe von Einzelinformationen zu Beginn der Gliederung bereits in allen hierarchischen Zuordnungen überblickt wird. Da dies in Unterrichtsprozessen oft nicht der Fall ist, müssen Teilinformationen im Verlauf der Arbeit ggf. anders platziert oder auch ganze Hauptstränge neu angelegt werden.

Didaktische Hinweise

Eine Mindmap übersetzt den vernetzten Aufbau unseres persönlichen Wissens in eine äußere Darstellung (Visualisierung). Anders als in Texten, in denen Sachverhalte nur linear fortschreitend dargestellt werden können, ist mit der Mindmap eine Wissensrepräsentation im Raum möglich, die dem betrachtenden Auge das Hinundherspringen und damit den Nachvollzug assoziativer Verknüpfungen erlaubt. In ihrer logischen Struktur entsprechen Mindmaps vielen Software-Tools (z.B. dem „Windows Explorer" von Microsoft). Im Folgenden ein paar Tipps zur Umsetzung:

• Software zur Erstellung von Mindmaps steht z.T. kostenlos im Internet zur Verfügung. Man findet sie, wenn man das Stichwort „mindmap" in Suchmaschinen eingibt.

• Mindmap-Software bietet oft auch Symbole an, die in die Gestaltung eingebunden werden können.

• Die Zahl der Hauptäste sollte bei einer Mindmap zunächst nicht zu hoch sein, damit Übersichtlichkeit gewährleistet bleibt.

• Man sollte sich nicht unter den Zwang setzen, zunächst einen Hauptast mit allen Verästelungen auszugestalten, denn damit werden spontane Assoziationen an anderer Stelle beschränkt. Eine Mindmap ist zwar systematisch angelegt, wird aber eher nicht systematisch, sondern sprunghaft aufgebaut.

Mindmaps sind z. B. sinnvoll zur
• Ideenentwicklung,
• begrifflichen Erschließung eines Sachbereichs,
• Gliederung von Aussagen bei der Texterschließung,
• schnellen und geordneten Erfassung von Gehörtem oder Gesehenem (Mitprotokollieren),
• Zusammenfassung von Unterrichtsergebnissen,
• Wiederholung von Lernstoff vor einer Klassenarbeit/einem Test (z.B. systematische Zusammenstellung wichtiger Begriffe, Fakten und Regeln),

- Vorbereitung von Referaten und Vorträgen u.Ä.,
- Präsentation von Arbeitsergebnissen,
- Mindmaps können aber auch als Stichwortzettel für Referate u.Ä. verwendet werden.

Anschlussaufgaben
- Referat
- Klassenarbeit
- Test

22 Cluster (Cluster)

S. bauen um ein Initialwort herum assoziativ ein Ideennetz auf.
Mit einem Cluster (engl.: Büschel, Gruppe, Anhäufung) knüpfen S. ein Ideen- bzw. Begriffsnetz. Als ein nichtlineares, schriftliches Verfahren des → Brainstormings (S. 30 f.) übersetzt das Cluster das assoziative Denken in einen Schreibprozess. Da man beim Erstellen eines Clusters keine besondere gedankliche Ordnung beachten muss, entwickelt sich ein spielerisches Verhältnis zur eigenen Ideenwelt. Anders als bei der → Mindmap (S. 45 ff.) wird mit einem Cluster bei der Visualisierung von Gedanken auf ihre logische Hierarchisierung verzichtet; dafür setzt das Cluster mehr assoziative Dynamik frei.
- Einzel-, Partner-, Gruppenarbeit
- leeres Blatt, Tafel, Folie
- ab Jahrgangsstufe 1

Literatur
PETERSSEN, WILHELM H.: Kleines Methoden-Lexikon. München 1999, S. 56 f.
REICH, KERSTEN: Konstruktivistische Didaktik. Lehr- und Studienbuch mit Methodenpool, Weinheim und Basel 2008, Methoden-CD
RICO, GABRIELE L.: Garantiert schreiben lernen. Sprachliche Kreativität methodisch entwickeln – ein Intensivkurs. Sonderausgabe, Reinbek 2004, S. 27 ff.

Standardbezug
Alle Kompetenzbereiche

Vorbereitungen und Ablauf

Jeder S. bzw. jede Gruppe bekommt ein leeres Blatt Papier. Im Raum sollte ein entspanntes Assoziieren und Schreiben möglich sein.

Der Kern eines Clusters, ein leerer Kreis bzw. eine leere Ellipse, wird mitten auf einem Blatt Papier (bzw. auf eine Tafel oder Folie) notiert. In diesen Kernbereich wird ein Initialwort geschrieben. Dem eigenen Gedankenstrom folgend, notieren die S. in möglichst rascher Folge Einfälle, die ebenfalls jeweils mit einem Kreis bzw. einer Ellipse umgeben und durch Linien mit Vorläuferideen verbunden werden. So baut sich eine ungeordnete, nichthierarchische Struktur auf. In dieser kann man hin und her springen, um weitere Einfälle zu notieren und das Gedankennetz zu erweitern und weiter zu verknüpfen. Wenn an einer Stelle eine Assoziationskette nicht fortgeführt werden kann, sollte dies an einer anderen Stelle versucht werden. Das Gedankennetz wird so lange „weitergesponnen", bis eine vereinbarte Zeitspanne abgelaufen oder das Blatt vollgeschrieben ist.

Didaktische Hinweise

Das Clustering-Verfahren wurde z.B. von Gabriele L. Rico in den USA zur Förderung des kreativen Schreibens entwickelt (vgl. Rico 2004). Wichtig ist, die S. darauf hinzuweisen, dass beim Notieren von Ideen im Cluster jede Assoziation zugelassen ist und aufgeschrieben werden kann, auch wenn sie zunächst unpassend erscheinen mag. Eine „Schere im Kopf" sollte möglichst außer Kraft gesetzt werden.

Die Arbeit an einem Cluster kann evtl. durch Hintergrundmusik unterstützt werden. Werden Cluster in Gruppen (am besten Vierergruppen) angefertigt, sollten diese jeweils ein DIN-A3-Blatt erhalten, das am besten auf einem nicht zu großen quadratischen Tisch ausgelegt wird, damit alle vier S. einen direkten Zugriff auf das Blatt haben. Die Gruppen erhalten die folgenden Hinweise:

- Jeder schreibt von dem Wort in der Mitte ausgehend Ideenketten zum Rand des Blattes hin; diese können sich auch verzweigen.
- Sind bereits mehrere „Strahlen" des Ideensterns geschrieben, können assoziative Brücken zwischen den „Strahlen" gebildet werden.
- Beim Entwickeln des Clusters wird das Blatt entweder in regelmäßigen Zeitabständen (z.B. alle zwei Minuten) oder auf Wunsch eines Gruppenmitglieds um 90 Grad gedreht. Jeder kann nun die Assoziationen der anderen an einer beliebigen Stelle fortführen oder einen neuen Ideenstrahl anlegen.

Cluster können genutzt werden, um
* zu einem neuen Thema Gedanken, Ideen, Aspekte etc. zu sammeln (alle Fächer);
* zu Beginn einer Unterrichtsreihe das Vorwissen von S. stichpunktartig zu dokumentieren (alle Fächer);
* Wortfelder zusammenzustellen (Wortschatzübung in Deutsch).

Anschlussaufgaben
* Nutzung des Cluster-Materials für die Reihenplanung
* Vorlesen einiger Cluster und anschließend Gesprächsformen wie z.B. → Plenumsdiskussion (S. 58 f.)
* Schreiben eines Textes mithilfe der im Themen-Cluster zusammengestellten Stichworte

23 Matrix (Grid)

S. ordnen Informationen in ein doppeltes Bezugssystem ein.
Die S. (re)organisieren Informationen in Form eines Wissensnetzes und bringen einzelne Wissensbestandteile in eine logische Struktur, die Übersicht schafft und die Merkleistung verbessert. Die Matrix ist anspruchsvoller als eine Tabelle, die nur auf einer Achse logische Zuordnungen organisiert, während die Matrix dies auf zwei Achsen gleichzeitig anlegt. Die S. erstellen also eine Tabelle mit horizontalen und vertikalen Vorgaben und trainieren damit ihre analytischen Fähigkeiten.
* Einzel-, Partner-, Gruppenarbeit
* ab Jahrgangsstufe 3

Literatur
BIRKENBIHL, VERA F.: Stroh im Kopf? Vom Gehirn-Besitzer zum Gehirn-Benutzer. 43. Aufl., Frankfurt/M. 2004, S. 122 ff. u. S. 130 ff.
Intel/Akademie Dillingen (Hrsg.): Lehren für die Zukunft, Dillingen 2000, Baustein IX (Excel).

Standardbezug
Vor allem die Kompetenzbereiche 3.1 bis 3.3.

Vorbereitungen und Ablauf

Den S. wird eine Matrix zur Verfügung gestellt, also ein rechteckiges Schema, in das Informationen in waagerechte Zeilen und senkrechte Spalten eingeordnet werden können. Sollen die S. am Computer arbeiten, können sie entsprechende, in den Software-Programmen enthaltene Tabellen-Tools (z. B. MS Excel) nutzen.

Die S. entscheiden sich im Rahmen eines Sachgebietes für zwei Untersuchungsebenen. Die erste Ebene wird in der 1. Zeile einer Tabelle (horizontal), die zweite in der 1. Spalte der Tabelle (vertikal) aufgegliedert dargestellt, z. B.:

In die Tabelle werden dann jeweils passende Informationen eingetragen.

Didaktische Hinweise

Der Begriff der Matrix (lat., Plural: Matrices o. Matrizen) wird z. B. häufig in der Mathematik verwendet. Als Matrices werden dort Tabellen bezeichnet, mit denen gerechnet werden kann. Auch in wissenschaftlichen Disziplinen wie der Physik, der Geologie, der Statistik und der Ökonomie werden Matrices verwendet. In der Werkstoffkunde ist eine Matrix ein Verbundsystem. Den S. ist die logische Struktur der Matrix von Kinderspielen wie „Stadt-Land-Fluss" her bekannt (s. Beispiel), in denen zunächst auf einer horizontalen Achse bestimmte Kategorien festgelegt werden. Auf der vertikalen Achse werden dann weitere Variablen ergänzt, die entsprechende Zuordnungen in Gang setzen. Auch die den S. bekannten Stundenpläne sind in Form einer Matrix bzw. eines Strukturgitters angelegt. Matrices können generell zur systematischen Strukturierung von Informationen eingesetzt werden. Als Netzwerke von Informationen kommen sie zugleich der Funktionsweise des Gehirns nahe und unterstützen so den „Einbau" von Gelerntem ins Gedächtnis.

Matrices können mit Tabellenkalkulationsprogrammen (z. B. MS Excel) bereits in jüngeren Jahrgängen auch am Computer entwickelt werden.

Sinnvoll einsetzbar sind Matrices am Ende von Unterrichtsreihen, wenn eine Reihe von Begriffen bzw. Sachverhalten erarbeitet und aufeinander bezogen werden kann. Als Methode der Reorganisation und Systematisierung von Wissen sind Matrices auch in Übungsphasen vor Klassenarbeiten nutzbar.

Anschlussaufgaben

- Definitionsübungen zu einzelnen Begriffen (mit Abgrenzungen zu Nachbarbegriffen)
- Reorganisation der Begriffe in Form einer → Mindmap (S. 45 ff.)

Gespräche führen

24 Ampelspiel (Traffic lights)

S. denken sich in ein Thema hinein und geben erste Voten ab.
Das Ampelspiel legt das Meinungsspektrum des Plenums offen, wobei alle S.
– auch die weniger redegewandten – aktiv eingebunden werden. Das Verfahren dient dazu, erste thematische Kerne im Klassen- bzw. Kursplenum zu vergegenwärtigen und erste Redeanlässe zu schaffen.
• Plenum
• rote, grüne und gelbe Pappkärtchen (DIN A6) für alle S.
• ab Jahrgangsstufe 1

Standardbezug
Kompetenzbereich 3.1

Vorbereitungen und Ablauf
Zu Beginn erhalten alle S. Pappkärtchen in den Farben Rot, Grün und Gelb. Anschließend liest die Lehrperson etwa zehn Aussagen bzw. Fragen zum aktuellen Unterrichtsthema vor. Nach jeder Aussage müssen sich die S. entscheiden, ob sie dieser zustimmen (grüne Karte zeigen), sie ablehnen (rote Karte zeigen) oder sich enthalten möchten (gelbe Karte zeigen). Werden den S. Fragen gestellt, so steht die grüne Karte für ein Ja, die rote für ein Nein und die gelbe für Enthaltung. Die Abstimmungsergebnisse können festgehalten werden, sollten jedoch zunächst nicht kommentiert werden.

Didaktische Hinweise
Beim Ampelspiel können sich alle S. aktiv beteiligen. Dabei ist es nicht notwendig, dass sie ihre Positionen bereits begründen können. Daher eignet sich das Verfahren für den Anfang einer thematischen Reihe. Gerade zu Beginn einer Unterrichtsreihe bekommen die S. mit dem Ampelspiel zudem einen Eindruck davon, wie komplex und vielfältig das zu behandelnde Thema ist. Das Ampelspiel eignet sich auch für ein großes Plenum.

Anschlussaufgaben
- Auswertung in einer → Plenumsdiskussion (S. 58 f.)
- Vergleich der Anfangsvoten mit einem Abstimmungsergebnis am Ende der Unterrichtsreihe

25 Ankreuzblatt

S. erstellen in Eigenarbeit ein Arbeitsblatt, um die Meinung der Lerngruppe festzuhalten.
Die Methode dient dazu, die persönlichen Meinungen und Überzeugungen in einer Gruppe sichtbar zu machen, um anschließend über das Ergebnis diskutieren zu können.
- Kleingruppen, Plenum
- Blätter, Pappkartons, Filzstifte
- ab Jahrgangsstufe 2

Standardbezug
Kompetenzbereich 3.1

Vorbereitungen und Ablauf
Die S. entwickeln in Kleingruppen zu einem vorgegebenen Thema Ankreuzblätter, auf denen Meinungen zu bestimmten Teilgebieten des Themas gewichtet werden können. In einer ersten Spalte werden verschiedene Sachverhalte aufgelistet, für die dann weitere Bewertungsspalten angeboten werden, z. B. mit den alternativ angebotenen Kopfzeilen:

	Interessiert mich sehr	mäßig	gar nicht

Anschließend werden die Ankreuzblätter aller Gruppen in der Klasse ausgehängt und jeder füllt sie in einem Rundlauf aus. Dabei macht man bei jedem Ankreuzblatt pro Zeile sein Kreuz an der jeweils passenden Stelle. Alternativ können die zu bewertenden Sachverhalte auch auf Pappkartons notiert werden.

Didaktische Hinweise

Beim Erstellen des Arbeitsmaterials sollte darauf geachtet werden, dass die Kästchen für die Antwortkreuze groß genug sind, damit auch alle Mits. ihre Kreuze unterbringen können. Beim Aufhängen der Ankreuzblätter sollte geprüft werden, ob Inhalte mehrfach vorkommen. In diesem Fall können ganze Zeilen durchgestrichen werden, um bei der Phase des Ankreuzens Zeit zu sparen.

Anschlussaufgaben

* Auswertung in Form von → Diagrammen (S. 67 f. und 68 f.)
* Diskussion (S. 55 ff.) der Ergebnisse

26 Aquarium (Fishbowl)

S. entfalten ein Thema argumentativ.

Dieses formalisierte Diskussionsverfahren gibt für das diskursive Erschließen eines strittigen Themas Regeln vor. Sie verbinden die Vorteile des Kleingruppengesprächs mit einer Plenumssituation. Zwei freie Stühle, die abwechselnd besetzt werden können, ermöglichen zugleich eine spielerische Auflockerung.

* Kleingruppen, Plenum
* ab Jahrgangsstufe 3

Standardbezug

Kompetenzbereich 3.1

Vorbereitungen und Ablauf

Zu einem strittigen Thema bildet die Klasse eine Pro- und eine Kontra-Gruppe. In der Mitte des Raumes stehen beiden Gruppen jeweils drei Stühle zur Verfügung, von denen zunächst nur jeweils zwei besetzt sind. Wie in einem Aquarium sitzen dort zwei Vertreter der jeweiligen Gruppe, alle anderen gruppieren sich um sie herum. Die beiden Vertreter der Pro- und der Kontra-Gruppe beginnen eine Diskussion, die keinen festen Regeln folgen muss. Die Personen im Außenkreis nehmen an der Diskussion zunächst nicht aktiv teil. Möchte sich jemand von ihnen in die Auseinandersetzung einmischen, kann er den leeren Stuhl seiner Gruppe besetzen und mitreden. Die neu hinzugekommene Person hat Redevorrecht, muss aber nach einer vereinbarten Zeit (z. B. zwei Minuten) wieder in den Außenkreis zurück, um den Platz für einen anderen Interessenten freizumachen. Wenn jemand im Außenkreis den Eindruck hat, dass im Innenkreis keine neuen Gesichtspunkte mehr entwickelt werden, kann er den Antrag stellen, die Diskussion zu beenden. Über diesen Antrag stimmt die Gesamtgruppe ab.

Didaktische Hinweise

Für den Innenkreis sollten zunächst redegewandte S. ausgewählt werden. Später sollten allerdings auch andere S. ermutigt werden, in die Diskussion einzugreifen. Zur Unterstützung kann den S. eine kurze Liste mit „Rede-Startern" (Redewendungen, die ein Statement einleiten können) an die Hand gegeben werden.

Anschlussaufgabe

* Darstellung der Argumente in einer Tabelle

27 Diskussion (Discussion)

S. tauschen Informationen und Meinungen aus und profilieren eigene Positionen.

Diskussionen regen S. an, in einer Face-to-face-Situation
- eigenes Wissen und Lebenserfahrungen anderen zu vermitteln (dazu müssen Sachverhalte klar und adressatengerecht ausgedrückt werden);
- Meinungen zu einem Sachverhalt auszutauschen und in der Konfrontation mit den Meinungen anderer den eigenen Standpunkt zu profilieren und weiterzuentwickeln (dazu müssen plausible Argumente für die eigene Sichtweise formuliert werden);
- durch dynamische Verknüpfung verschiedener Ideen und Ansichten eine Lösung für ein Problem zu suchen (dabei werden problematische Lösungen, die aus dem beschränkten Horizont einer Einzelperson heraus getroffen worden wären, vermieden);
- im Meinungsaustausch mit anderen Toleranz zu entwickeln.

* Gruppenarbeit, Plenum
* ab Jahrgangsstufe 1

Literatur

BOHNSACK, RALF/SCHÄFER, BURKHARD: Gruppendiskussionsverfahren. In: Hug, Theo (Hrsg.): Wie kommt Wissenschaft zu Wissen? Bd. 2: Einführung in die Forschungsmethodik und Forschungspraxis. Baltmannsweiler 2001, S. 324 ff.

SCHRÄDER-NAEF, REGULA: Rationeller Lernen lernen. Ratschläge und Übungen für alle Wissbegierigen. 19. Aufl., Weinheim und Basel 2000, S. 57 ff.

Standardbezug

Kompetenzbereiche 3.1 und 3.3

Vorbereitungen und Ablauf

Diskussionen können als eher offene Gespräche (z. B. → Kugellager/S. 57 f., Redekette, → Plenumsdiskussion/S. 58 f., → Vier-Ecken-Spiel/S. 59 f.) oder in den Sekundarstufen als stärker formalisierte Verfahren (z. B. Debatte oder Pro-Kontra-Debatte) vorbereitet werden.

Bei einer Diskussion sprechen die Teilnehmer in einer vereinbarten Zeit zu einem definierten Thema miteinander, um zu einem bestimmten Ergebnis (z. B. einem Beschluss) zu kommen. Alle S. sollten gleichberechtigt teilnehmen, jeweils kurz zum Thema sprechen und nicht abschweifen, Höflichkeitsregeln beachten, mit anderen Meinungen tolerant umgehen und der Diskussionsleitung folgen, wenn sie die Einhaltung von Regeln einfordert.

Didaktische Hinweise

Die Diskussion ist die zentrale soziale Kommunikationsform in Bildungsprozessen. Als solche entwickelt sie sich in Schulen oft naturwüchsig und wird oftmals zu wenig gezielt trainiert.

Bei S. ist die Diskussion sehr beliebt, sie registrieren aber auch Probleme, z. B.:

- oft sehr ungleiche Redeanteile der Diskussionsteilnehmer;
- eine Überlagerung sachlicher Klärungen durch Selbstinszenierungsversuche einzelner Teilnehmer;
- eine wenig gruppenförderliche „Kampfatmosphäre", in der es darum geht, recht zu behalten, und weniger darum, sinnvolle sachliche Lösungen zu finden;
- die Tendenz, dass Teilnehmer unbedacht unter den Einfluss durchsetzungsfähiger Meinungsführer geraten.

Die Diskussionsleitung hat u. a. folgende Aufgaben:

- Sie sollte das Wort in der Diskussionsrunde möglichst gleichmäßig verteilen. Eventuell kann sie dazu laufend eingehende Meldungen auf einer Rednerliste notieren.
- Kommt es in einer Diskussion zu Pausen, kann sie das bisher Gesagte zusammenfassen, verschiedene Positionen noch einmal einander gegenüberstellen und so Impulse für den Fortgang geben.
- Nach der vereinbarten Zeit sollte sie das Ergebnis der Diskussion zusammenfassen. Dabei kann es sich um eine Übereinkunft, aber auch um weiterhin unterschiedliche Positionen handeln. In diesem Fall kann sie eine weitere Diskussion zu einem späteren Zeitpunkt vorschlagen.

Anschlussaufgaben
- Ergebnisprotokoll
- Feedback-Gespräch
- Anwendung von Evaluationsverfahren (S. 78 ff.)

28 Kugellager (Double Circle)

S. diskutieren mit wechselnden Partnern.
Das Kugellagergespräch dient der Aktivierung aller Mitglieder einer Großgruppe und dem Meinungsaustausch. Als Diskussionsform bietet es die Möglichkeit, jeweils zwei S. miteinander ins Gespräch zu bringen. Um jeden Einzelnen mit möglichst vielen verschiedenen Meinungsaspekten zu konfrontieren, wechseln die Diskussionspartner etwa alle drei bis fünf Minuten.
- Plenum/Partnerarbeit
- ab Jahrgangsstufe 2

Standardbezug
Kompetenzbereiche 3.1 und 3.3

Vorbereitungen und Ablauf
Für die Durchführung eines Kugellagergesprächs benötigt man eine gerade Zahl von Teilnehmern. Sie sitzen sich in einem Innen- und einem Außenkreis gegenüber. Bei einer ungeraden Anzahl von S. übernimmt ein S. die Spielleitung.
- Zu einem vereinbarten Thema tauschen die S., die sich gegenübersitzen, etwa drei bis fünf Minuten lang ihre Positionen aus.

- Auf ein Signal des Spielleiters hin rutschen dann alle S. im Innenkreis im Uhrzeigersinn zwei Plätze weiter, sodass jeder S. einen neuen Gesprächspartner erhält. Beide tauschen nun erneut etwa drei bis fünf Minuten lang ihre Gedanken aus und können dabei auch vermitteln, was der erste Gesprächspartner gesagt hat.
- Nach Ablauf der vereinbarten Zeit unterbricht der Gesprächsleiter erneut den Gedankenaustausch. Nun rutscht der Außenkreis entgegen dem Uhrzeigersinn zwei Plätze weiter und ein dritter Gedankenaustausch beginnt. Usw.

Didaktische Hinweise

Das Kugellagergespräch ist als Diskussionsform dann besonders sinnvoll, wenn die Klasse bei Plenumsgesprächen schlecht in Gang kommt. Es kann beliebig lange fortgesetzt werden. Die Länge der Diskussion sollte vom Diskussionsbedarf der Klasse abhängen.

Anschlussaufgaben

- Ergebnisprotokoll
- Mindmap (S. 45 ff.) zum gleichen Thema

29   Plenumsdiskussion

S. tauschen in regulierter Form ihre Kenntnisse und Meinungen aus.
In einer Plenumsdiskussion unterhält sich eine gesamte Lerngruppe über ein (zunächst) strittiges Thema, wobei möglichst viele Teilnehmer Informationen weitergeben und Position beziehen. Die S. halten sich dabei an ihnen bekannte Regeln der Großgruppenkommunikation (Redebeitrag anmelden, andere ausreden lassen etc.).

- Plenum
- ab Jahrgangsstufe 1

Standardbezug

Kompetenzbereich 3.1

Vorbereitungen und Ablauf

Bei einer Plenumsdiskussion sollten möglichst alle S. Augenkontakt miteinander haben. Wenn dies in einer Lerngruppe aufgrund der gegebenen Sitzordnung nicht möglich ist, sollte diese evtl. leicht variiert werden (alle in einem Rechteck oder Kreis). Um eine ungleichgewichtige Beteiligung der S. in großen Diskussionsgruppen zu vermeiden, können Plenumsdiskussionen dadurch gesteuert werden, dass

- die S. gemäss einer Rednerliste das Wort ergreifen;
- eine Redezeit-Begrenzung festgelegt wird, wenn es in einer Lerngruppe „Vielredner" gibt;
- alle S. je drei Chips für Redebeiträge bekommen, die im Verlauf der Diskussion abgegeben werden müssen;
- Mädchen und Jungen abwechselnd das Wort erteilt wird.

Didaktische Hinweise

Als Sonderform der → Diskussion (S. 55 ff., dort viele weitere Hinweise) kann die Plenumsdiskussion den Zusammenhalt der gesamten Lerngruppe fördern. Die Lerngruppe kann dabei von der Lehrperson unabhängiger werden, indem die S. in Form einer Redekette selbst für eine gewisse Zeit das Wort weitergeben. (Dabei kann vorgesehen werden, dass ein Junge jeweils ein Mädchen und ein Mädchen jeweils einen Jungen aufrufen muss.)

Anschlussaufgaben

- Pro-und-Kontra-Liste zu einer strittigen Frage
- Beschluss zu einer offenen Frage

30 Vier-Ecken-Spiel (Four Corners)

S. und L. erhalten das Meinungsbild der Klasse.
Die S. bekommen ein Bild davon, wie oft unterschiedliche Meinungen in der Klasse vertreten sind. Das Vier-Ecken-Spiel dient außerdem der Auflockerung, da sich alle S. von ihren Plätzen erheben und mehrmals neu im Raum positionieren müssen.

- Plenum
- ab Jahrgangsstufe 1

Literatur

BRENNER, GERD: Methodentraining: Projekt Medien und Meinungsbildung. Berlin 2002, S. 32

Standardbezug

Kompetenzbereich 3.1

Vorbereitungen und Ablauf

Die Klasse versammelt sich in der Mitte des Raumes. Die Lehrperson liest den S. Satzanfänge und vier mögliche Ergänzungen vor, die den vier Ecken des Raumes zugeordnet werden. Jeder S. entscheidet für sich, welche Ergänzung er für die richtige hält, und stellt sich in die entsprechende Ecke. Es bleibt einige Sekunden Zeit, zur Kenntnis zu nehmen, wer sich für welche Ecke entschieden hat, bevor die nächste Spielrunde beginnt.

Didaktische Hinweise

Dieses Spiel ist auch gut geeignet, um neue Klassen kennenzulernen. Die Lehrperson kann Fragen nach den Lieblingsfarben, -hobbys und -büchern stellen, aber auch z.B. Fragen wie „Was, glaubt ihr, beeinflusst euch am meisten? Die Eltern, Freunde, Medien oder die Schule?" Um mit den Ergebnissen der Meinungsumfrage anschließend besser weiterarbeiten zu können, kann die Lehrperson während des Spiels zu den einzelnen Satzanfängen und Ergänzungen die Anzahl der S. in jeder Ecke notieren.

Anschlussaufgaben
* Auswertung in einer → Plenumsdiskussion (S. 58 f.)
* Beschlussfassung

31 Echo

S. werden zu einem gedanklich vernetzten Dialog veranlasst.
Bei Gesprächen in der Lerngruppe werden die S. veranlasst, ihren Gesprächspartnern aufmerksam zuzuhören. Durch Wiederholung von zuvor Gesagtem sorgen sie dafür, dass ihre Äußerungen gedanklich intensiver miteinander verknüpft werden.
* Plenum, Gruppenarbeit
* ab Jahrgangsstufe 1

Standardbezug

Kompetenzbereich 3.1

Vorbereitungen und Ablauf

Die Lehrperson – oder bei älteren S. auch ein dazu eigens beauftragter S. – beobachtet den Verlauf des Gesprächs genau und greift ein, wenn die S. in ihren Gesprächsbeiträgen nicht mehr hinreichend aufeinander eingehen, sondern Redebeiträge nur noch additiv aneinanderreihen oder gar aneinander vorbeireden. In solchen Situationen kann die Lehrperson bzw. der beauftragte S. für eine begrenzte Zeit (z. B. ca. drei Minuten lang) von jedem, der sich äußert, ein „Echo" verlangen. Dies bedeutet, dass die Äußerung des jeweiligen Vorredners zunächst sinngemäß wiederholt werden muss, bevor der eigene Redebeitrag angeschlossen werden darf. Der Vorredner muss den Inhalt der Wiederholung akzeptieren können. Wenn er meint, dass die eigene Äußerung zu ungenau wiedergegeben worden ist, kann er das feststellen und erklären, was vergessen oder ungenau bzw. falsch wiedergegeben wurde.

Didaktische Hinweise
In Lerngruppen, in denen oftmals aneinander vorbeigeredet wird, ist es sinnvoll, dass ab und zu von einem freien zu einem kontrollierten Dialog gewechselt wird. Das Verfahren des Echos baut in solchen Situationen Egozentrik ab und trainiert Empathie. Die S. können darauf hingewiesen werden, dass das Anknüpfen an einen Vorredner ein wichtiger Baustein eines guten Diskussionsverhaltens ist.

Anschlussaufgaben
• Feedback-Brief (S. 78 f.)
• Eintragung der Methode in eine Lernkartei (S. 75 ff.)

32 Themenspeicher

S. stellen Themenaspekte gezielt zurück.
Das Verfahren sorgt dafür, dass momentan nicht passende Äußerungen von S. nicht verworfen, sondern für spätere Phasen des Gesprächs aufgehoben werden. Es bietet der Lehrperson und auch den Mits. die Möglichkeit, auch solche Beiträge zu würdigen, die im Moment nicht zum Gedankengang passen.
• Plenum, Gruppenarbeit
• ab Jahrgangsstufe 2

Standardbezug
Kompetenzbereich 3.1

Vorbereitungen und Ablauf

In Plenumsgesprächen, aber auch in Gruppengesprächen halten die S. oder die Lehrperson Äußerungen, die einen Gedankengang unterbrechen, aber für das Gesamtthema durchaus von Belang sind, in einem Themenspeicher fest. Dieser befindet sich z. B. auf dem rückwärtigen Teil einer aufklappbaren Tafel, auf einer Wandzeitung oder auch auf einer Folie (im Fall einer Gruppenarbeit auf einem Blatt Papier). Die im Themenspeicher notierten Aspekte werden später (evtl. auch erst in einer der nächsten Unterrichtsstunden) aufgerufen, sobald die Systematik der Themenentwicklung es zulässt. Befindet sich der Themenspeicher auf einem Teil der Tafel, kann er am Ende der Unterrichtsstunde von einem S. kurz abgeschrieben werden, damit er für die kommenden Stunden verfügbar bleibt.

Didaktische Hinweise

Das Verfahren hilft, auch denjenigen S. gerecht zu werden, denen die aktuelle Fokussierung des Themas nicht bewusst ist und die zwar interessante, momentan aber eher ablenkende Ideen äußern. Zugleich befreit das Verfahren Lehrende von der Sorge, S. könnten sich übergangen fühlen, weil ihre Äußerungen nicht aufgegriffen werden. Ein S. kann „Beauftragter" für den Themenspeicher sein und dafür sorgen, dass die dort notierten Ideen an passenden Stellen eingebracht werden.

Anschlussaufgabe

- Aufnahme der Themenspeichernotizen in die folgenden Unterrichtsphasen

Präsentieren

33 Referat (Presentation)

Einzelne S. tragen Erkenntnisse adressatenorientiert vor.

Ein Referat (lat. referre) ist ein Sachbericht zu einem abgegrenzten Thema, mit dem nachgewiesen werden kann, dass man Informationen sammeln (traditionelle Recherchen; Internetrecherchen), sie angemessen verarbeiten und in einer Vortragsstruktur organisieren kann. Geübt werden außerdem Vortragstechniken (inkl. visueller Unterstützung).

• Einzelarbeit
• z. B. Thesenpapier, Tafel, Projektor
• ab Jahrgangsstufe 3

Literatur

BORNEMANN, MONIKA/WAGENDRISTEL, EVA: Referate, Vorträge, Facharbeiten. Mannheim 2003, S. 8–36

HORST, UWE/OHLY, KARL PETER (Hrsg.): Lernbox. Lernmethoden – Arbeitstechniken. 2. Aufl., Seelze 2001, S. 10 ff.

LANGER, NICOLE: Referate und Vorträge halten. Gezielt vorbereiten und überzeugend präsentieren. München 2004

REICH, KERSTEN: Konstruktivistische Didaktik. Lehr- und Studienbuch mit Methodenpool, Weinheim und Basel 2008, Methoden-CD

Standardbezug
Kompetenzbereiche 3.1 und 3.3

Vorbereitungen und Ablauf
Sammlung: Zunächst werden mithilfe von Verfahren wie z. B. Beobachtung, Recherche, Interview oder Experiment einschlägige Informationen zum festgesetzten Thema gesammelt.
Gliederung: Diese Informationen werden mit Verfahren wie → Metaplan (S. 42 ff.) systematisch geordnet. Bei der Gliederung des Materials können → Cluster (S. 47 ff.), Matrices (S. 49 ff.) oder → Mindmaps (S. 45 ff.) helfen.
Anschauungsmaterial: Zur visuellen Unterstützung einzelner Aussagen können z. B. → Diagramme (S. 67 f. und 68 f.) entwickelt werden.

Merkhilfe: Die Notizen für den mündlichen Vortrag werden auf die allerwichtigsten Angaben und schwer zu behaltende Fakten (Namen, Jahreszahlen etc.) reduziert und z. B. auf durchnummerierten Karteikarten festgehalten. Diese enthalten die Informationen in der für die Präsentation vorgesehenen Reihenfolge. Handout: Zentrale Aussagen können in einem Thesenpapier zusammengefasst und für jeden Zuhörer vervielfältigt werden.

Das Referat wird – gestützt auf die vorbereiteten Karteikarten und das Anschauungsmaterial – weitgehend frei vorgetragen, wobei abwechselnd Blickkontakt zu möglichst allen Zuhörern gehalten wird. Anschauungsmaterial dient dazu, die Informationsaufnahme der Zuhörer zu unterstützen. Nach dem Vortrag (bzw. nach einem längeren Vortragsabschnitt) erhalten die Zuhörer Gelegenheit, Verständnisfragen zu stellen. Der Referent nutzt diese Möglichkeit, um Begriffe oder Sachverhalte zu präzisieren.

Didaktische Hinweise

Viele S., die erstmals ein Referat halten, fühlen sich sicherer, wenn der ausformulierte Referattext griffbereit liegt. Dennoch sollte man darauf bestehen, dass möglichst frei vorgetragen wird.

Tipps zur Umsetzung:

• Sowohl die Recherche als auch die Ausarbeitung eines Referats kann durch untergliedernde Leitfragen zum gewählten Thema strukturiert werden. Es ist sinnvoll, sie der Lehrperson vorzulegen und sie mit ihr abzuklären.

• Die S. sollten darauf hingewiesen werden, dass es nicht sinnvoll ist, bei der Recherche für ein Referat nur eine einzige Quelle zu nutzen. Auf die besondere Problematik von Internetquellen (z. T. eingeschränkte Verlässlichkeit) sollte hingewiesen werden.

• Oft ist auch der Hinweis sinnvoll, dass S. bei der Erarbeitung eines Referats nur Informationen verwenden sollten, die sie vollständig verstanden haben. Dazu ist es z. B. notwendig, die genaue Bedeutung von Fachbegriffen nachzuschlagen und Abkürzungen aufzulösen.

• Für viele S. ist es hilfreich, das Referat vorher einer Freundin/einem Freund bzw. einem Familienmitglied vorzutragen.

• Die Zuhörer können sich besser auf ein Referat einstellen, wenn der Referent eingangs das Thema umreißt und die Gliederung seines Vortrags vorstellt.

• Beim Vortragen sollten zu komplexe syntaktische Strukturen vermieden werden, da man sich in solchen Sätzen „verlieren" kann und die Zuhörer ihnen oft nicht folgen können.

- Am Ende eines Referats können die wichtigsten Aussagen noch einmal kurz zusammengefasst werden.

Referate eignen sich für Informationen vermittelnde Unterrichtsphasen, die von S. selbstständig gestaltet werden können. Die Themen und Präsentationstermine müssen rechtzeitig vereinbart werden.

Anschlussaufgaben
- kurzer Test über das Gehörte
- Aushang des Referats

34 Sandwichvortrag

Ein S. hält einen Vortrag, in den alle Mits. einbezogen werden.
An einem Sandwichvortrag werden alle S. aktiv beteiligt. Diese Art der Präsentation unterstützt die Aufgeschlossenheit der S. für die Informationen und Auffassungen, die im Vortrag angeboten werden.
- Kleingruppen, Plenum
- ab Jahrgangsstufe 4

Standardbezug
Kompetenzbereich 3.1

Vorbereitungen und Ablauf
Bei dieser Präsentationsmethode erhalten die S. vor einem Vortrag einige Fragen zur Thematik, die vom Referenten vorbereitet wurden.
Erörterungsrunde: Die S. erörtern diese Fragen in kleinen Gruppen und halten ihre Antworten in Kurzform schriftlich fest.
Vortrag: Nun folgt der Vortrag.
Vertiefungsrunde: Anschließend denken die Kleingruppen im Lichte des Referats noch einmal über die zuvor erörterten Fragen und ihre ersten Antworten nach. Dabei formulieren sie auch Fragen, die sich ihnen bei der erneuten Auseinandersetzung mit dem Vortagsthema stellen. Dies können spezielle Fragen an den Referenten sein oder Fragen, die mit der gesamten Lerngruppe im Plenum diskutiert werden sollen.
Abschlussrunde: Die Kleingruppen teilen dem Plenum ihre Antworten mit und stellen ihre Fragen vor. Der Referent nimmt dann noch einmal Stellung und bezieht anschließend das Plenum in das Gespräch mit ein.

Didaktische Hinweise

Der Sandwichvortrag kann auch von zwei oder drei S. gehalten werden. Diese Methode eignet sich besonders für Themen, bei denen ein grobes Vorwissen bei den S. vorausgesetzt werden kann. Für die abschließende Runde empfiehlt es sich, jeweils die Antworten und Fragen jeder Gruppe in sich geschlossen zu erörtern, um ein „Diskussionschaos" mit immer mehr Aspekten zu vermeiden.

Anschlussaufgabe
• Ergebnisprotokoll

35 Galeriegang (Gallery Tour)

S. präsentieren mehrere Arbeitsergebnisse auf Wandzeitungen.
Bei einem Galeriegang präsentieren die S. Ergebnisse einer Gruppenarbeit und setzen sich bewegungsintensiv in kleinen Gruppen mit den Arbeitsergebnissen anderer Gruppen auseinander.
• Gruppenarbeit
• Wandzeitungen, Plakate
• ab Jahrgangsstufe 3

Literatur
Realschule Enger (Hrsg.): Lernkompetenz: Deutsch. Berlin 2003

Standardbezug
Kompetenzbereiche 3.1 und 3.3

Vorbereitungen und Ablauf
Arbeitsteilige Gruppenarbeit (z.B. in Form eines → Gruppenpuzzles/S. 16 ff. organisiert) kann in einen Galeriegang münden. Dazu erstellt jede Gruppe eine Wandzeitung und hängt diese wie in einer Kunstgalerie an einer Wand aus. Besonders geeignet sind hierfür großflächige Räume wie Foyers oder Eingangshallen von Schulen. Während des Galeriegangs gehen die Arbeitsgruppen an den Ausarbeitungen der anderen Gruppen entlang, nehmen die Ergebnisse zur Kenntnis und diskutieren sie. Beim → Gruppenpuzzle ist die Präsentation so organisiert, dass bei jeder Posterpräsentation einer Gruppe ein Experte steht, der die Arbeitsergebnisse erläutern kann.

Didaktische Hinweise

Für eine arbeitsteilige Gruppenarbeit kann ein Galeriegang auch so organisiert werden, dass die ausgehängten Wandzeitungen zunächst noch keine Ergebnisse, sondern nur Arbeitsaufträge und zugehörige Materialien enthalten. Jede Gruppe beginnt nun an einer der Wandzeitungen ihre Arbeit und fixiert schriftlich die Lösungen der Arbeitsaufträge. Dann wechseln die einzelnen Gruppen zu anderen, frei gewordenen Zeitungen. Dort werden die Ergebnisse der ersten Gruppe ergänzt, kommentiert etc. Schließlich geht jede Gruppe zu ihrer Ausgangszeitung zurück und nimmt zur Kenntnis, was die anderen Gruppen ergänzt haben.

Anschlussaufgaben

*   Ergebnisprotokoll
*   stichwortartige Zusammenstellung der Ergebnisse in einer Matrix (S. 49 ff.)
*   Text per Lückentext

36 Balkendiagramm

S. setzen funktionale Zusammenhänge von Informationen grafisch um.
Diagramme dienen der Datenaufbereitung und können Sinnzusammenhänge grafisch darstellen, wobei das Balkendiagramm Zahlenverhältnisse visualisieren kann. Es dient dem schnellen Erfassen von Zusammenhängen und Verhältnissen sowie dem Erkennen von Entwicklungstrends.
*   Einzel- oder Partnerarbeit
*   evtl. Tabellenkalkulationsprogramm
*   ab Jahrgangsstufe 4

Standardbezug
Texte überarbeiten
*   Texte für die Veröffentlichung aufbereiten und dabei auch die Schrift gestalten
Texte präsentieren
*   verschiedene Medien für Präsentationen nutzen

Vorbereitungen und Ablauf

Diagramme werden in der Regel auf Basis einer Tabelle erstellt, die eine Reihe exakter numerischer Angaben enthält. Sie lassen sich mithilfe von Tabellenkalkulationsprogrammen (z. B. MS Excel) erstellen. Die Spalten- und Zeilentitel der Ausgangstabelle werden dabei in Achsenbeschriftungen umgesetzt. Die Achsen des Diagramms passen sich automatisch dem in die Tabelle eingegebenen Zahlenmaterial an. Sollen mehrere Zahlenreihen grafisch umgesetzt werden, so können diese in verschiedenen Farben dargestellt werden. Wird eine Zahlenangabe in der Ausgangstabelle verändert, passt sich das gesamte Diagramm automatisch an. Bei Tabellenkalkulationsprogrammen kann man in der Regel einen „Diagrammassistenten" nutzen, um ein Diagramm zu erstellen. In MS Excel z. B. wird er über das Anklicken von „Einfügen" und „Diagramm" gestartet (alternativ über das Anklicken des entsprechenden Symbols in der Symbolleiste), anschließend wird der gewünschte Diagrammtyp ausgewählt.

Didaktische Hinweise

Das Balkendiagramm hat gegenüber dem Kreisdiagramm den Vorteil, dass Daten verschiedener Kategorien in einem Diagramm dargestellt und verglichen werden können (z. B. das Vorkommen verschiedener Tierarten in einer Klimazone). Außerdem ist die Erstellung eines Balkendiagramms für Grundschüler auch schon ohne die Unterstützung eines Tabellenkalkulationsprogrammes möglich.

Anschlussaufgaben
- Folie für Referat
- Auswertung im Plenum

37 Säulendiagramm (Bar chart)

S. setzen funktionale Zusammenhänge von Informationen grafisch um.
Diagramme dienen der Datenaufbereitung und können Sinnzusammenhänge grafisch darstellen. Das Säulendiagramm visualisiert Zahlenverhältnisse und ermöglicht das schnelle Erfassen von Zusammenhängen und Verhältnissen sowie das Erkennen von Entwicklungstrends.
- Einzel- oder Partnerarbeit
- evtl. Tabellenkalkulationsprogramm
- ab Jahrgangsstufe 4

Standardbezug
Texte überarbeiten
* Texte für die Veröffentlichung aufbereiten und dabei auch die Schrift gestalten

Texte präsentieren
* verschiedene Medien für Präsentationen nutzen

Vorbereitungen und Ablauf
Diagramme werden in der Regel auf Basis einer Tabelle erstellt, die eine Reihe exakter numerischer Angaben enthält. Sie lassen sich mithilfe von Tabellenkalkulationsprogrammen (z. B. MS Excel) erstellen. (Zum Verfahren der Diagrammgestaltung → Balkendiagramm, S. 67 f.)

Didaktische Hinweise
Mit einem Säulendiagramm lassen sich zeitliche Entwicklungen (waagerechte Zeitachse) oder Unterschiede zwischen verschiedenen Elementen, die betrachtet werden sollen, gut darstellen. Zur Visualisierung von Daten sind Säulendiagramme fast immer einsetzbar. Allerdings können sie unübersichtlich werden, wenn zu viele Zahlen dargestellt werden sollen. Die Erstellung eines Säulendiagramms ist für Grundschüler auch schon ohne die Unterstützung eines Tabellenkalkulationsprogrammes möglich.

Anschlussaufgaben
* Folie für Referat
* Auswertung im Plenum

Üben und Einprägen

38 Loci-Methode

S. verknüpfen zu lernende Informationen mit Ortsvorstellungen.
Die S. stellen sich einen Gang durch verschiedene Orte (lat.: locus, Pl.: loci) vor, um schwer memorierbare Fakten damit zu verbinden und so besser behalten zu können. Wie andere Verfahren der mnemotechnischen Verknüpfung verbindet die Methode Einzeldaten zu einem Wissensnetz, mit dem diese besser eingeprägt werden können.
* Einzelarbeit
* ab Jahrgangsstufe 1

Literatur
KNEIP, WINFRIED u.a.: Lern-Landkarten. Ganzheitliches Lernen. Mülheim/Ruhr 1998, S. 54 f.

Standardbezug
Alle Kompetenzbereiche

Vorbereitungen und Ablauf
Der S. stellt sich einen Weg mit verschiedenen Stationen vor, den er besonders gut kennt (z.B. den Schulweg, einen Gang durch das eigene Haus, das eigene Zimmer, den eigenen Garten, den Weg zu einem oft aufgesuchten Geschäft). Eine Reihe von Informationen, die man sich nicht gut merken kann, wird nun mit markanten Stationen des Weges gedanklich verbunden, und zwar so, dass jede Information über eine Assoziation mit einer Station des Weges verknüpft ist. Die Informationen können durch diese Vernetzung insgesamt besser behalten werden. Man kann diesen Weg „abschreiten" und sich an den entsprechenden Stationen die Informationen noch einmal vor Augen führen.

Didaktische Hinweise
Der Trick des Verfahrens liegt darin, dass die zu memorierenden Informationen über mehrere mit Orten verbundene Wahrnehmungskanäle (Sehen, Hören, Riechen etc.) geleitet und mit Gefühlen assoziiert werden. Das Gehirn

speichert die Informationen dann intensiver, weil sie breiter (in mehreren Gehirnregionen) verankert sind.

Anschlussaufgabe
- Test/Klassenarbeit

39   Logische Netze

S. passen Wissen den Strukturen des Gedächtnisses an.
Logische Netze nehmen die verknüpfenden Strukturierungen, mit deren Hilfe das Gehirn Informationen speichert, in einer visuellen Gestaltung vorweg und erleichtern damit das Lernen und Behalten. Den S. werden Möglichkeiten der Reorganisation von Wissen angeboten, mit denen sie Sachverhalte gedanklich neu vernetzen können. Durch Umstrukturierung entdecken sie neue gedankliche Strukturen und erarbeiten sich so Merkwissen.
- Einzel-, Partner-, Gruppenarbeit
- Flussdiagramm u.Ä.
- Ab Jahrgangsstufe 2

Literatur
EINSIEDLER, WOLFGANG: Wissensstrukturierung im Unterricht. Neuere Forschung zur Wissensrepräsentation und ihre Anwendung in der Didaktik. In: Zeitschrift für Pädagogik, 2/1996, S. 167 ff.
SEEL, NORBERT M.: Psychologie des Lernens. Lehrbuch für Pädagogen und Psychologen. München, Basel 2000
BIRKENBIHL, VERA F.: Stroh im Kopf? Vom Gehirn-Besitzer zum Gehirn-Benutzer. Gebrauchsanleitung fürs Gehirn. 43. Aufl., Frankfurt/M. 2004

Standardbezug
Alle Kompetenzbereiche

Vorbereitungen und Ablauf
Die S. machen zunächst ein Experiment, um die Zweckmäßigkeit logischer Netze zu erkennen. Für das folgende Beispiel wird eine Lernsituation in der Klasse 3 angenommen: Die Hälfte der Klasse nimmt die in der ersten Spalte des folgenden Beispielkastens notierten Informationen in der dort gegebenen Struktur, die andere Hälfte dieselben Begriffe in einer anderen, nicht logisch strukturierenden Reihenfolge eine Minute lang zur Kenntnis.

logisch strukturiert	unstrukturiert
Rechtschreibung – Verb Grundform → Personalform → blühen – blüht → ziehen – zieht → sehen – seht	blüht seht Verb zieht Rechtschreibung blü- hen Grundform sehen Personalform ziehen

Unmittelbar im Anschluss daran notiert jeder innerhalb von zwei Minuten so viele dieser Wörter wie möglich. Die Ergebnisse werden verglichen. Normalerweise können die logisch sortierten Einzelinformationen besser behalten werden.

Im weiteren Verlauf setzen die S. Einzelinformationen, die sie zu lernen haben, mithilfe logischer Grundoperationen in stichwortartig vernetzende Wissens-„Abbildungen" um, z.b. nach folgenden Mustern:

• Ursache/Wirkung
• Zweck/Mittel
• Motiv/Handlung
• Oberbegriff/Unterbegriff

Dabei werden z.B. Knoten (umkreiste Wörter), Pfeile (die Einwirkungen zeigen) oder verschieden starke Linien eingesetzt, um die logischen Bezüge optisch zu repräsentieren. Die logischen Netze sollten so angelegt sein, dass die räumlich-visuelle Repräsentation von Zusammenhängen die logischen Bezüge sinnvoll abbildet. Insgesamt soll die linear-sprachliche Wiedergabe von Informationen durch die Platzierung im Raum (location) in ein *logisches Bild* übersetzt werden. Um die Transferkompetenzen der S. zu steigern, können mehrere dieser Operationen nacheinander stattfinden.

Didaktische Hinweise

Die neurophysiologische Forschung nimmt an, dass unser Gedächtnis Informationen mithilfe strukturierender Figurationen vom Arbeitsgedächtnis ins Langzeitgedächtnis überführt. Dieses ist das für schulisches Lernen wichtigere Speichersystem, das erreicht werden muss. Beim Übergang vom Arbeits-/(Kurzzeit-)Gedächtnis ins Langzeitgedächtnis finden im Figurationsprozess außerdem „Entschlackungen" des ursprünglichen Informationsumfangs statt. Eine zentrale Erkenntnis ist, dass die Figurationen im Langzeitgedächtnis netzwerkartig sind. Es ist daher sinnvoll, Informationen schon im Prozess der Erarbeitung von Lernstoff als Vernetzung anzulegen (Networking). Neben taxonomischen (hierarchisch systematisierenden) Wissensnetzen werden in neuerer Zeit auch komplexe, nichthierarchische Strukturierungen des Wissens befürwortet. Grundthese der neurophysiologischen Forschung ist es, dass interne Strukturierungen von Wissen (die Figurationen von Wissen im Gehirn) durch geeignete externe Wissensrepräsentationen vorgeformt (präfiguriert) werden sollten. Den S. sollten also Methoden der Strukturierung von Lernstoff zur Verfügung gestellt werden, die das Behalten organisieren und unterstützen. Die Verfahren der vertiefenden Umstrukturierung, die bei der logischen Vernetzung von Wissensdetails angewendet werden können, sind u. a. von der deutschen Gestaltpsychologie ausgearbeitet worden.

Anschlussaufgabe
• Test/Klassenarbeit

40 Schlüsselfragen

S. fragen ihr Wissen wechselseitig ab.
Die S. wiederholen einen Unterrichtsstoff, indem sie ihn mithilfe von Schlüsselfragen gliedern und wechselseitig ihre Kenntnisse überprüfen.
• Gruppenarbeit, Plenum
• ab Jahrgangsstufe 3

Literatur
KLIPPERT, HEINZ: Teamentwicklung im Klassenraum. Weinheim, Basel 2001, S. 203

Standardbezug
Texte erschließen
• Verfahren zur ersten Orientierung über einen Text nutzen
• gezielt einzelne Informationen suchen
• Texte genau lesen
• bei Verständnisschwierigkeiten Verstehenshilfen anwenden: nachfragen, Wörter nachschlagen, Text zerlegen
• Texte mit eigenen Worten wiedergeben
• zentrale Aussagen eines Textes erfassen und wiedergeben
• Aussagen mit Textstellen belegen
• eigene Gedanken zu Texten entwickeln, zu Texten Stellung nehmen und mit anderen über Texte sprechen

- bei der Beschäftigung mit literarischen Texten Sensibilität und Verständnis für Gedanken und Gefühle und zwischenmenschliche Beziehungen zeigen
- Unterschiede und Gemeinsamkeiten von Texten finden
- handelnd mit Texten umgehen: z. B. illustrieren, inszenieren, umgestalten, collagieren

Vorbereitungen und Ablauf

Am Ende einer Unterrichtsreihe erhalten die S. den Auftrag, den erarbeiteten Stoff in Gruppen

- sinnvoll in verschiedene Teilbereiche zu gliedern und
- zu jedem Teilbereich einige Fragen zu formulieren, die wesentliche Sachverhalte des Stoffgebietes erfassen sollen.

Insgesamt sollen in jeder Gruppe zehn bis zwölf Fragen formuliert werden. Diese werden auf nummerierte Karteikarten geschrieben; auf der Rückseite wird eine möglichst präzise und kompakte Antwort notiert. Die Gruppe kann mithilfe der Karten zunächst einen internen Wissenstest absolvieren. Jede Gruppe geht mit ihren Schlüsselfragen dann ins Plenum und testet mit ihnen eine andere Gruppe. Jedes Mitglied dieser Gruppe kann eine Zahl zwischen eins und zehn oder mehr nennen – je nach Anzahl der angefertigten Karten. Die entsprechende Frage wird dann vorgelesen und soll beantwortet werden.

Didaktische Hinweise

Die Methode bietet S. eine Reihe von Anlässen, Stoffbereiche zu überblicken, Teilbereiche zu definieren, diese möglichst trennscharf in verschiedene Fragen zu „übersetzen" und schließlich in den Antworten Kerne des Lernstoffs sprachlich möglichst genau zu fassen. Die Beantwortung der Fragen im Plenum kann bepunktet werden. Wenn die einzelnen Gruppen im Plenum gegeneinanderspielen, bekommt das Verfahren Wettbewerbscharakter.

Anschlussaufgabe

- Klassenarbeit/Test

41 Lernkartei

S. trainieren schwer memorierbare Wissenselemente.

Lernkarteien helfen einem S., Wissen vom Kurzzeit- ins Langzeitgedächtnis zu bringen. Einzelne Wissenselemente wie die Schreibung schwieriger Wörter oder Fachbegriffe werden bei regelmäßigen Abfragen in einer gestaffelten Lernkartei nach hinten und evtl. wieder nach vorne sortiert. Dies wird so lange und in immer größeren Zeitabständen wiederholt, bis das Wissen im Langzeitgedächtnis gespeichert ist und dem S. jederzeit zur Verfügung steht.

- Einzel- oder Partnerarbeit
- Karteikasten/Karteikarten
- ab Jahrgangsstufe 1

Literatur

KLIPPERT, HEINZ: Methoden-Training. Weinheim 2004, S. 204 f.

PARADIES, LIANE/LINSER, HANS JÜRGEN: Üben, Wiederholen, Festigen. Berlin 2003, S. 121 ff.

Die einschlägigen Verlage für Freiarbeitsmaterialien bieten für nahezu alle Fächer Karteikarten-Sammlungen an, die zur Erarbeitung und Festigung von Wissen im Unterricht eingesetzt werden können.

Standardbezug

Kompetenzbereiche 3.2 und 3.3

Vorbereitungen und Ablauf

Der S. kauft oder baut sich einen Karteikasten mit mehreren Unterteilungen und besorgt sich einen Stapel Karteikarten:

richtig gelöste Karte
falsch gelöste Karte

Auf der Vorderseite der Karten notiert der S. das zu lernende Wissenselement (z. B. die Umschreibung eines schwer zu schreibenden Wortes oder einen Fachbegriff), auf der Rückseite die „Lösung", die er sich nur schwer merken kann (die korrekte Schreibung, die Bedeutung des Fachbegriffs etc.).

Geübt wird alleine oder mit einem Partner in folgender Reihenfolge:

- Zunächst werden die Karten aus dem ersten Karteibereich bearbeitet, am besten täglich. Richtig gelöste Aufgaben (gewusste Schreibungen etc.) wandern in den zweiten Bereich; noch nicht Gemerktes verbleibt im ersten Segment, das laufend durch neue, schwer memorierbare Wissenselemente aufgefüllt wird.

- In etwas größeren zeitlichen Abständen (z. B. alle drei Tage) werden die Karten im zweiten Karteibereich ebenso bearbeitet. Werden die Aufgaben erneut richtig gelöst, wandern die Karten in den dritten Bereich; andernfalls werden sie in den ersten zurückgestellt.

- In noch größeren zeitlichen Abständen (z. B. einmal pro Woche) werden auch die Karten im dritten Bereich bearbeitet; hier wird ebenso verfahren wie im zweiten Bereich.

- Den vierten und fünften Bereich nimmt sich der S. in noch größeren Abständen vor (z. B. einmal im Monat bzw. alle drei Monate). Karten mit erneut richtig gelösten Aufgaben können der Kartei schließlich entnommen werden, da das Wissen offenbar im Langzeitgedächtnis angekommen ist.

Didaktische Hinweise

Die Lernkartei setzt eine zentrale Erkenntnis der Lernpsychologie um: Lernen funktioniert am besten, wenn der neue Stoff zunächst in kurzen und dann in immer längeren Zeitabständen wiederholt wird. Bereits das Beschriften der Karteikarten hat einen ersten Lerneffekt. Die Lernkartei bietet folgende Vorteile:

- Die S. bekommen laufend und unmittelbar eine Rückmeldung über ihren Lernerfolg (oder -misserfolg).
- Sie vermeiden nutzloses Wiederholen.
- Sie können sich gezielt auf ihre speziellen Defizitbereiche konzentrieren.

Mit einer Lernkartei kann man also zeitökonomisch üben. Zugleich ist das Lernsystem sehr flexibel, da neu auftauchende Lernprobleme schnell integriert werden können. Allerdings muss darauf geachtet werden, dass die Karten in der Kartei nicht überhandnehmen, da sonst die Motivation nachlassen kann. Die Lernkartei eignet sich nur für das Üben kleinerer Wissensbestandteile: schwierig zu schreibende Wörter, Jahreszahlen etc. Nicht geeignet ist sie für Lernprozesse, in denen es darum geht, sich komplexere Zusammenhänge anzueignen.

Statt in einem Kasten mit fünf Abteilungen kann die Lernkartei auch in fünf separaten Behältnissen untergebracht werden, die dann am besten nummeriert werden. Lernkarteien können für häusliches Üben empfohlen werden, sie können aber auch in einigen Unterrichtsphasen eingesetzt werden. In diesem Fall sollte in Partnerarbeit geübt werden.

Wird die Lernkartei für Rechtschreibübungen eingesetzt, kann die Vorderseite auch ein unvollständig geschriebenes Wort (Aussparung der kritischen Buchstaben) enthalten. Lernkarteien können auch zu Beginn von Unterrichtsstunden eingesetzt werden, damit die S. zur Ruhe kommen.

Anschlussaufgabe
* Vokabel- und sonstige Tests

Evaluieren

42 Feedback-Brief (Letter across the class)

S. formulieren eine Rückmeldung an einen Zufallspartner.
Das Verfahren gibt allen S. der Lerngruppe eine persönliche Rückmeldung; es legt nahe, auch solche Mits. intensiver wahrzunehmen, die nicht zur eigenen „Clique" gehören.
• Einzelarbeit
• Papier, Briefumschläge
• ab Jahrgangsstufe 2

Literatur
REICH, KERSTEN: Konstruktivistische Didaktik. Lehr- und Studienbuch mit Methodenpool, Weinheim und Basel 2008, Methoden-CD

Standardbezug
Kompetenzbereich 3.1

Vorbereitungen und Ablauf
Alle S. der Klasse schreiben ihren Namen auf ein Stück Papier. Die Zettel werden zu „Losen" zusammengefaltet und gemischt. Nun zieht jeder S. ein „Los". Anschließend schreibt man dem Mits., dessen Namen auf dem gezogenen „Los" steht, einen Brief. Darin sollen persönliche Erlebnisse mit diesem Mits., an die man sich erinnert, geschildert werden, aber auch Eindrücke, die der Mits. in letzter Zeit oder in vorhergehenden Schuljahren hinterlassen hat. Es können auch Fortsetzungen des Satzes „Was ich dir schon immer mal sagen wollte: ..." notiert werden. Um einen authentischen persönlichen Bezug zu dem Mits. herzustellen, werden die Briefe unterschrieben. Dann werden sie in einen Umschlag gesteckt und zugeklebt. Alle können die Briefe schließlich an die Adressaten übergeben. Werden die Briefe am Ende des Schuljahres geschrieben, können sie alternativ auch frankiert und mitgenommen werden, um sie erst mitten in den Ferien postalisch zustellen zu lassen.

Didaktische Hinweise

Das Verfahren setzt ein einigermaßen vertrauensvolles Verhältnis zwischen den S. voraus.

Eine Variation: Die Lehrperson bittet die S. am Ende des Schuljahres, ihr in der Schule am PC – anonymisiert – einen Feedback-Brief zu schreiben. Die Briefe werden ihr dann gesammelt übergeben.

Anschlussaufgabe

* Antwortbrief

43 Stimmungsbarometer

S. reflektieren und bewerten die Zusammenarbeit in der Klasse.

Mittels eines Stimmungsbarometers wird die momentane Zufriedenheit der Klasse mit der zurückliegenden Arbeitsphase festgehalten. Dazu muss jeder S. diese zunächst für sich Revue passieren lassen.

* Plenum
* Wandplakat, Klebepunkte
* ab Jahrgangsstufe 1

Standardbezug

Kompetenzbereich 3.1

Vorbereitungen und Ablauf

Gegen Ende einer Arbeitsphase wird in der Klasse ein von der Lehrperson vorbereitetes Plakat mit einem Stimmungsbarometer aufgehängt. Dabei kann die Einteilung der Skala beliebig vorgenommen werden: z.B. nach Schulnoten von 1 bis 6 oder mit Bezeichnungen wie „sehr zufrieden", „zufrieden", „eher unzufrieden" und „sehr unzufrieden". Bei jeder Einteilung sollte genügend Platz für die Stimmungspunkte der S. vorgesehen sein. Die S. erhalten nun den Auftrag, kurz über die zurückliegende Arbeitsphase nachzudenken und sie dann zu beurteilen, indem sie ihre Einschätzung innerhalb der vorgegebenen Skala markieren. Dazu erhalten sie Klebepunkte, die sie, wenn sie möchten, für sich kennzeichnen können, um sie später wiederzufinden. Ersatzweise können auch Punkte mit dicken Filzstiften eingetragen werden. Spontane Stimmungsbarometer können auch mithilfe der Tafel durchgeführt werden.

Didaktische Hinweise

Das Stimmungsbarometer eignet sich z.b. auch sehr gut, um der Klasse und der Lehrperson ein Feedback über eine zurückliegende Gruppenarbeitsphase zu geben. Bei einer Gruppenarbeit, die sich über mehrere Unterrichtsstunden erstreckt, kann es interessant sein, nach jeder einzelnen Stunde ein Stimmungsbarometer erstellen zu lassen. So kann die Entwicklung der Stimmung in der Klasse festgehalten und besprochen werden.

Anschlussaufgabe
• Diskussion der Stimmungslage im Plenum

44 Blitzlicht

S. geben kurze wertende Statements zu einem Thema ab.
Durch kurze Äußerungen aller Mitglieder einer Lerngruppe sorgt das Blitzlicht dafür, dass in kurzer Zeit ihr gesamtes Meinungsspektrum zu einem bestimmten Thema abgerufen wird.
• Plenum
• ab Jahrgangsstufe 1

Literatur
REICH, KERSTEN: Konstruktivistische Didaktik. Lehr- und Studienbuch mit
Methodenpool, Weinheim und Basel 2008, Methoden-CD

Standardbezug
Kompetenzbereich 3.1

Vorbereitungen und Ablauf
Auf eine evaluierende Frage oder einen Satzanfang hin (s. S.81) äußern sich nacheinander und möglichst zügig alle S. in der Reihenfolge der Sitzordnung. Es kann vereinbart werden, dass jeder nur ein Wort oder einen Satz sagt. Die Äußerungen werden von den anderen während der Blitzlicht-Runde nicht kommentiert. Statements von Vorrednern können wiederholt werden. Beim Blitzlicht kann ein Gegenstand (z.B. ein kleiner Ball) weitergereicht werden, den jeweils die Person, die sich gerade äußert, in der Hand hält. Soll die Kurzevaluation in mehrere Fragen unterteilt werden, können mehrere Runden nacheinander stattfinden. Die Blitzlicht-Einleitungen können von Unterrichtsstunde zu Unterrichtsstunde variiert werden.

Didaktische Hinweise

Das Blitzlicht ist besonders für Lerngruppen geeignet, in denen eine Reihe von „Schweigern" sitzt. Durch die Prozesslogik dieses spielerischen Verfahrens lassen sie sich oft dazu bewegen, sich ebenfalls zu äußern, da in diesem Fall ja nur eine ganz kurze Äußerung erwartet wird. Mögliche weitere Satzanfänge (vgl. Beispiele):

- Was wir heute gemacht haben, das fand ich ...
- Wie das Thema heute behandelt wurde, das fand ich ...
- Gestört hat mich heute, dass ...
- Interessant fand ich heute ...

Anschlussaufgaben

- Gespräch über Stichwort-Äußerungen
- Feedback-Brief (S. 78 f.)

Wahrnehmen, Sprechen, Zuhören

45 Fehlergeschichte (Story with mistakes)

Die S. trainieren aufmerksames und genaues Zuhören.
Sie verbessern ihre Konzentrations- und Merkfähigkeit, indem sie einem Erzählverlauf aufmerksam folgen und die Details der Geschichte mit denen einer leicht abgewandelten Zweitversion vergleichen.
* Plenum
* Stichwortzettel
* ab Jahrgangsstufe 2

Literatur
SIEBOLD, JÖRG (Hrsg.): Let's Talk: Lehrtechniken, Berlin 2004, S. 44 ff.

Standardbezug
verstehend zuhören
* Inhalte zuhörend verstehen
über Lesefähigkeiten verfügen
* lebendige Vorstellungen beim Lesen und Hören literarischer Texte entwickeln

Vorbereitungen und Ablauf
Die Lehrperson bereitet sich darauf vor, eine Geschichte mithilfe von Stichworten möglichst frei vorzutragen. An einigen Stellen des Stichwortzettels werden farblich abweichend Details dazu notiert (z. B. veränderte Namen, Wochentage, Orte, Farben). Zunächst informiert die Lehrperson die S. über das Verfahren und rät ihnen, aufmerksam zu sein. Sie trägt den vorbereiteten Text dann möglichst lebendig vor. Direkt im Anschluss daran beginnt ein zweiter Vortrag, in dem jedoch einige Fakten „falsch" wiedergegeben werden. Die S. werden aufgefordert, sofort den Arm zu heben, sobald sie einen „Fehler" entdeckt haben. Sie können ihn dann richtigstellen.

Didaktische Hinweise

Die Texte können auch halb lesend vorgetragen werden; die Präsentation sollte jedoch weiterhin möglichst lebendig sein, um den S. die Konzentration auf Details des Textes nicht zu leicht zu machen. Haben die S. einen „Fehler" gefunden, können sie diesen verbessern, indem sie die Angaben der Erstversion wiederholen.

Anschlussaufgaben

* Nacherzählen der ursprünglichen Geschichte
* Erzählen eines neuen Endes

46 Rätselgeschichte (Puzzle story)

Die S. entwickeln eine Geschichte vom Ende her, indem sie dieses Ende intensiv betrachten.
Sie erfahren in der Rekonstruktion einer unvollständigen Geschichte, dass ihre Vorstellungen durch bestimmte Textsignale gesteuert werden. Die S. trainieren außerdem genaues Zuhören und schlussfolgerndes Denken. Zugleich reflektieren sie in einem spielerischen Verfahren Konstruktionsprinzipien erzählender Texte.

* Plenum
* Text
* ab Jahrgangsstufe 1

Literatur

SIEBOLD, JÖRG (Hrsg.): Let's Talk: Lehrtechniken. Berlin 2004, S. 71 ff.

Standardbezug

verstehend zuhören

* Inhalte zuhörend verstehen
* gezielt nachfragen

Texte erschließen

* eigene Gedanken zu Texten entwickeln, zu Texten Stellung nehmen und mit anderen über Texte sprechen

Vorbereitungen und Ablauf

Es wird eine Geschichte ausgewählt, in deren Schlusspassagen wesentliche Handlungsmomente zusammengeführt werden, sodass sich Rückschlüsse auf das vorgelagerte Geschehen ziehen lassen.

Die Lehrperson präsentiert das Ende der Geschichte und fordert die S. auf, gezielte Fragen zu stellen und damit die „Vorgeschichte" herauszubekommen. Jede Frage der S. soll damit eingeleitet werden, dass auf eine bestimmte Formulierung des Textendes verwiesen wird, die diese Frage nahelegt. Bei der Beantwortung der Fragen sollte die Lehrperson zunächst nur das in der Fragestellung Angelegte preisgeben, damit die S. viele weitere Fragen stellen.

Didaktische Hinweise

Dieses Denkspiel bietet viele Redeanlässe. Dabei nehmen S. und Lehrperson einen Rollentausch vor: Die S. fragen und die Lehrperson antwortet. Das, was die S. durch ihre Fragen herausgefunden haben, kann ab und zu zusammengefasst werden, damit gezieltere Fragen angeschlossen werden können. Im Fremdsprachenunterricht kann das Verfahren auch dazu dienen, Fragestrukturen einzuüben.

Anschlussaufgaben

• Flussdiagramm der wichtigsten Handlungsschritte
• Lesen der kompletten Geschichte
• Entwicklung eines neuen Erzählanfangs (mündlich und/oder schriftlich)

 Fünfsatztechnik

Die S. trainieren, in einer Diskussion Stellung zu beziehen.

Sie üben ein Verfahren, mit dem sie an Vorredner anknüpfen, die eigene Position systematisch entfalten und den Redebeitrag pointiert abschließen können.

• Klassenplenum
• Arbeitsblatt
• ab Jahrgangsstufe 3

Literatur

PABST-WEINSCHENK, Marita: Freies Sprechen in der Grundschule. Berlin 2005

Dudenredaktion (Hrsg.): Duden. Reden gut und richtig halten! 3. Aufl., Mannheim 2004, S. 102 f.

Standardbezug

zu anderen sprechen

* an der gesprochenen Standardsprache orientiert und artikuliert sprechen
* Wirkungen der Redeweise kennen und beachten
* funktionsangemessen sprechen: erzählen, informieren, argumentieren, appellieren
* Sprechbeiträge und Gespräche situationsangemessen planen

verstehend zuhören

* Inhalte zuhörend verstehen
* gezielt nachfragen
* Verstehen und Nicht-Verstehen zum Ausdruck bringen

Vorbereitungen und Ablauf

Die S. analysieren zunächst ihr eigenes Verhalten in Plenumsdiskussionen und stellen dabei insbesondere fest, über welche Kompetenzen sie verfügen, um

* an Vorredner anzuknüpfen,
* ihre eigene Stellungnahme aufzubauen und
* diese wirkungsvoll (für die Zuhörer beeindruckend) abzuschließen. Für weitere Diskussionen erhalten sie dann ein Arbeitsblatt, auf dem für verschiedene Diskussionsbeiträge (z. B. Gegenargumentation, unterstützende Argumentation) eine gedankliche Strukturierung in Form von jeweils fünf Satzanfängen angeboten wird:

Gegenargumentation
* Mehrere von euch sind dafür, dass ...
* Die Argumente überzeugen mich nicht, weil ...
* Viel zu wenig berücksichtigt wird das Gegenargument ...
* Dieses Gegenargument hat für mich viel mehr Gewicht, denn es gibt Beispiele ...
* Wir sollten uns also nicht für ..., sondern für ... entscheiden.

Unterstützende Argumentation
* Y hat eben die Ansicht vertreten, dass ...
* Sein Hauptargument war ...
* Ein weiteres Argument dafür ist ...

- Für mich ist also klar, dass … zumal es viele Beispiele für … gibt.
- Lasst uns also entscheiden, dass …

Öffnung für neue Sichtweisen
- X hat eben gemeint, dass …
- Zunächst scheint einiges dafür zu sprechen, denn …
- Man muss aber auch bedenken, dass …
- Eine Abwägung beider Positionen ergibt …
- Sollten wir also wirklich …?

Dialektische Synthese/Kompromiss
- Z hat gerade gesagt, dass …
- Ich finde das überzeugend, und zwar besonders das Argument …
- Dagegenzuhalten ist aber …
- Betrachtet man beide Ansichten, kommt man zu dem Ergebnis, dass es vielleicht noch eine bessere Lösung/einen Kompromiss gibt, nämlich …
- Wir sollten deshalb beschließen …

Die S. erhalten das Arbeitsblatt mit Fünfsatz-Hilfen. In einer Plenumsdiskussion (→ S. 58 f.) oder in einer anderen Gesprächsform nutzen sie dieses, um ihre Redebeiträge möglichst effektiv aufzubauen.

Didaktische Hinweise
Die Fünfsatztechnik ist ein traditionelles Verfahren der Argumentation. Sie wird für mündliches Stellungnehmen ebenso verwendet wie später in den weiterführenden Schulen als Gliederungsprinzip für schriftliche Erörterungen. Gemeint ist nicht, dass eine Äußerung nach fünf Sätzen abgeschlossen sein soll; vielmehr geht es darum, fünf logische Schritte zu vollziehen:
1. *Anknüpfung als Einleitung:* Im Gespächsbeitrag wird ein Bezug zum Vorredner bzw. zu mehreren Vorrednern oder zu einer bestimmten Ausgangssituation, und in einem schriftlichen Text wird ein Bezug zum Thema hergestellt.
2. *Argument*
3. *Gegenargument/unterstützendes Zusatzargument*
4. *Abwägung*
5. *Appell oder Frage als Schluss:* Es soll sich um eine pointierte Zuspitzung des gesamten Gedankengangs handeln, die auf nachhaltige Wirkung bei den Zuhörern abzielt.

Mit diesem Verfahren trainieren die S., ihre Äußerungen möglichst intensiv aufeinander zu beziehen. Besonders in jüngeren Klassen fehlt es zunächst oft an der nötigen geistigen Flexibilität, die eigenen, meist schon zu Beginn der Diskussion überlegten Argumente zu vertreten und gleichzeitig die Argumente der Vorredner in den eigenen Gedankengang einzubeziehen.

Tipp zur Umsetzung: In einer Anschlussreflexion wird überprüft, wie die Fünfsatztechnik umgesetzt wurde und welche Wirkung sie entfaltet hat. Die Lehrperson sollte insbesondere eine Rückmeldung dazu geben, wie die Gesprächsteilnehmer an die Vorredner angeknüpft haben.

Anschlussaufgaben
*   Redekette
*   Argumente-Liste (schriftlich)

48 Stichwortprotokoll

Die S. trainieren das aktive Zuhören durch stichpunktartige Mitschrift.
Sie halten Ergebnisse des Unterrichts in systematischer Form fest.
*   Einzelarbeit
*   Protokollformular
*   ab Jahrgangsstufe 3

Literatur
PLÖGER, URSULA: Ergebnissicherung im Stichwortprotokoll. In: Pädagogik, 10/2001, S. 20–23

Standardbezug
verstehend zuhören
*   Inhalte zuhörend verstehen
*   gezielt nachfragen
über Schreibfertigkeiten verfügen
*   Texte zweckmäßig und übersichtlich gestalten

Vorbereitungen und Ablauf
Ein S., der die Stunde protokollieren soll, erhält ein Protokollformular, das ihn bei seiner Mitschrift unterstützen soll. Festgehalten werden sollen Steuerungsimpulse, Basisdaten zur Unterrichtsstunde sowie inhaltliche Schwerpunkte. Das Formular kann folgende Punkte enthalten:

- Name des/der Protokollierenden und Datum
- Thema
- Text-/Materialgrundlage der Stunde
- steuernde Fragestellungen (viel Platz für Notate)
- Hauptergebnisse (z.B. Tafelanschrieb; sehr viel Platz für Notate)
- Hausaufgaben

Der S. nutzt diese Gliederung, um wesentliche Aspekte der Stunde zu erfassen. Die steuernden Fragen sollen durchnummeriert und die Hauptergebnisse diesen Unterpunkten mit gleicher Nummerierung zugeordnet werden.

Didaktische Hinweise

In jüngeren Klassen kann die Lehrperson den Protokollierenden an Gelenkstellen der Stunde gezielt darauf hinweisen, dass gerade ein Steuerungsimpuls gesetzt wird; z.B. können steuernde Fragestellungen kurz an der Tafel festgehalten werden.

Während der Mitschrift können Abkürzungen verwendet werden. Anders als beim Verlaufs- bzw. Ergebnisprotokoll sollen die S. ihre Mitschrift beim Stichwortprotokoll zunächst nicht durchformulieren. Das Stichwortprotokoll ist also eine Vorform dieser Protokollarten.

Anschlussaufgabe

- mündliche Widerholung der Stundenergebnisse anhand des Stichwortprotokolls in der Folgestunde
- Ausformulieren der Notate zu einem Ergebnisprotokoll als Hausaufgabe und Vortrag in der Folgestunde

Texte aktiv lesen

49 Aufschauendes Sprechen (Read-and-look-up)

Die S. trainieren das aufmerksame Lesen und das reproduzierende Sprechen.
Das Verfahren aktiviert alle S. gleichzeitig in einer realen Kommunikationssituation und bringt sie zu immer wieder neuen Sprechakten. Die S. trainieren ihre Merkfähigkeit und eine sinngestaltende Textwiedergabe.
• Partnerarbeit
• Textvorlage
• ab Jahrgangsstufe 3

Literatur

PABST-WEINSCHENK, MARITA: Freies Sprechen in der Grundschule. Berlin 2005
SIEBOLD, JÖRG (Hrsg.): Let's Talk: Lehrtechniken, Berlin 2004, S. 37 ff.

Standardbezug
zu anderen sprechen
• an der gesprochenen Standardsprache orientiert und artikuliert sprechen
• Wirkungen der Redeweise kennen und beachten
• funktionsangemessen sprechen: erzählen, informieren, argumentieren, appellieren
• Sprechbeiträge und Gespräche situationsangemessen planen

Vorbereitungen und Ablauf
Die S. sitzen zu zweit zusammen. Ein S. liest einen ihm bereits bekannten Text stumm Satz für Satz, schaut nach jedem Satz auf und trägt dem Partner den Satz halblaut vor. Mit den folgenden Sätzen wird ebenso verfahren. Ist der Textvortrag beendet, werden die Rollen getauscht: Der Zuhörer trägt nun Satz für Satz vor.

Didaktische Hinweise

Das Verfahren der *mass practice* ist insbesondere für den Fremdsprachenunterricht von Belang, da alle S. in einem relativ kurzen Zeitraum die Gelegenheit erhalten, einen kompletten Text vorzutragen und sich dabei mit dessen Inhalt intensiv zu befassen. Ein Vorteil dabei ist, dass die S. das
Lesetempo individuell gestalten können. Um die reale Kommunikationssituation zu gewährleisten, sollten sich die S. beim Textvortrag jeweils ansehen.
Handelt es sich um dialogische Texte, kann nach dem gleichen Prinzip abwechselnd vorgetragen werden.

Anschlussaufgabe
- Gestaltendes Vorlesen (→ s. u.)
- Inhaltswiedergabe (mündlich oder schriftlich)

50   Gestaltendes Vorlesen

*Die S. kommen verschiedenen Sinnebenen des Textes auf die Spur und set-
zen sie gezielt in eine Präsentation um.*
Sie treffen textangemessene artikulatorische Entscheidungen und entwickeln
im Hinblick auf Sprechtempo, Stimmlage, Lautstärke etc. eine textadädquate
Gestaltung des Vortrags.
- Einzelarbeit
- Buch/Textvorlage

Literatur
GROEBEN, NORBERT/HURRELMANN, BETTINA (Hrsg.): Lesekompetenz. Mün-
    chen, Weinheim 2001
SPINNER, KASPAR H. (Hrsg.): Lesekompetenz erwerben, Literatur erfahren.
    Berlin 2006

Standardbezug
zu anderen sprechen
- an der gesprochenen Standardsprache orientiert und artikuliert sprechen
- Wirkungen der Redeweise kennen und beachten
- funktionsangemessen sprechen: erzählen, informieren, argumentieren,
  appellieren
- Sprechbeiträge und Gespräche situationsangemessen planen

Vorbereitungen und Ablauf

Das gestaltende Vorlesen kann trainiert werden, indem die S.

- Textpassagen probeweise in unterschiedlicher Lautstärke vortragen;
- die Sprechgeschwindigkeit variieren;
- für verschiedene Passagen bzw. Textstellen unterschiedliche Stimmhöhen wählen;
- erkunden, an welchen Stellen kurze oder längere Pausen sinnvoll sind;
- in ihrem Vortrag bestimmte Artikulationsweisen (entspanntes Sprechen, gepresste Sprechweise etc.) ausprobieren;
- den Vortrag durch passende Mimik und Gestik unterstützen und lebendig gestalten.

Mithilfe solcher Trainings bereiten die S. in einer Experimentierphase einen Textvortrag vor. Die S. legen dann ein Regiekonzept für den Vortrag des vereinbarten Textes fest, in dem zu allen oben genannten Aspekten kurze Aussagen gemacht werden. Mehrere S. versuchen dann, das Regiekonzept umzusetzen und den ausgewählten Text entsprechend vorzutragen. Danach wird folgendermaßen vorgegangen:

- Mithilfe von Verfahren wie Blitzlicht (→ S. 80 f.) oder Stimmungsbarometer (→ S. 79 f.) kann jeder Vortrag einfach evaluiert werden.
- Anschließend findet ein gründliches Auswertungsgespräch statt, in dem insbesondere Verbesserungsmöglichkeiten erörtert werden sollten.
- Daran kann sich ein zweiter Durchgang der Textvorträge anschließen.

Didaktische Hinweise

Sinngebendes, gestaltendes Vorlesen ist ein komplexer Verstehens- und Präsentationsprozess, der intensiv geübt werden muss. Diese Art des Vortrags ist deshalb so anspruchsvoll, weil Kompetenzen des sinnerschließenden Textverstehens und der Präsentation gleichzeitig gefragt sind.

Die Eigensprache von S. wird durch bewusst sinngestaltendes Vorlesen besonders dichterischer Texte deutlich gefördert. Der Textvortrag entwickelt sich dabei oft zu einer sprechgestaltenden Interpretation.

Tipps zur Umsetzung: Den S. können Betonungs- und Pausenzeichen an die Hand gegeben werden, mit denen sie ihre Texte für einen Vortrag präparieren können. Folgende Zeichen sind gängig:

_ = Betonung
_ = starke Betonung
/ = kurze Sprechpause
// = längere Sprechpause

Außerdem können Schlüsselwörter im Text farblich markiert werden.

Das genaue Artikulieren lässt sich durch die *Korkenübung* verbessern:

Die S. nehmen beim Vorlesen einen Korken zwischen die Zähne und versuchen mit diesem Handicap so klar wie möglich zu artikulieren. Dabei kann der Abstand zwischen Sprechendem und Zuhörenden Schritt für Schritt vergrößert werden.

Zur Vorbereitung des Vortrags können mit den S. auch bestimmte Laute als Ausdrucksmittel erkundet werden; z.B. kann

- mit dem Laut „a" nacheinander Erstaunen, Angst, Überraschung, Erschrecken, Verstehen eines Sachverhalts oder eine Frage zum Ausdruck gebracht werden,
- mit dem Laut „i" nacheinander Ekel, Alarm, Albernheit etc. ausgedrückt werden.

Mögliche Arbeitsaufträge:

- Macht Sinnabschnitte durch kurze Pausen und eine wechselnde Tonlage der Stimme deutlich.
- Lest so vor, dass das Dramatische (Bedrückende, Spannende) oder Lustige der Handlung oder eine besondere Gemütslage deutlich wird.
- Lest mit verteilten Rollen vor. Stellt dabei die beteiligten Personen durch Besonderheiten der Stimmführung (Lautstärke, Tonhöhe, Sprechtempo etc.) dar.
- Drückt Spannung durch gesteigertes Tempo und besondere Lautstärke aus. (An anderen Stellen solltet ihr den Vortrag dann wieder deutlich verlangsamen.)
- Wählt zu einzelnen Sinnabschnitten des Textes kurze Ausschnitte aus Musikstücken aus. Spielt sie während des Vortrags ein und lest dann die entsprechenden Abschnitte (Strophen etc.) des Textes dazu vor.

Anschlussaufgabe

- Aufschauendes Sprechen (S. 89 f.)
- Kleine Inszenierung

51 Fünf-Schritt-Lesemethode

S. erarbeiten sich systematisch einen Text.
Die Lesemethode verbindet Techniken des beschleunigten bzw. diagonalen mit solchen des intensiven Lesens. Die Schrittfolge ist lernpsychologisch so aufgebaut, dass eine effektive und nachhaltige Informationsaufnahme und -verarbeitung möglich ist.

* Einzel-, Partnerarbeit
* Arbeitsblatt
* ab Jahrgangsstufe 3

Literatur

PARADIES, LIANE/LINSER, HANS JÜRGEN: Üben, Wiederholen, Festigen. Berlin 2003, S. 161 ff.
SPINNER, KASPAR H. (Hrsg.): Lesekompetenz erwerben, Literatur erfahren. Berlin 2006

Standardbezug
Texte erschließen

* Verfahren zur ersten Orientierung über einen Text nutzen
* gezielt einzelne Informationen suchen
* Texte genau lesen
* Texte mit eigenen Worten wiedergeben
* zentrale Aussagen eines Textes erfassen und wiedergeben
* Aussagen mit Textstellen belegen
* eigene Gedanken zu Texten entwickeln, zu Texten Stellung nehmen und mit anderen über Texte sprechen

Vorbereitungen und Ablauf

Die S. können ein Arbeitsblatt erhalten, auf dem die Lesemethode übersichtlich dargestellt und begründet wird. Beim Lesen eines Textes halten die S. die folgende Schrittfolge ein:

1. *Den Text überfliegen (diagonal lesen):* Die S. erfassen das Thema des Textes, indem sie Titel, Untertitel und – bei Zeitungstexten – den Vorspann aufeinander beziehen. Sie orientieren sich, welche Aussageschwerpunkte der Text hat, indem sie Zwischenüberschriften, evtl. Randglossen oder sonstige Hervorhebungen zur Kenntnis nehmen.
2. *Fragen an den Text stellen:* Die S. bauen einen Erwartungshorizont auf, indem sie ihr Vorwissen zum Thema in Erinnerung rufen (z. B. in einem

Cluster oder in einer Liste) und sich kurze Fragen notieren, auf die der Text eine Antwort geben könnte. Sie legen so Leseziele fest.

3. *Den Text aktiv lesen:* Auf dieser Basis ist nun erstmals ein gründliches Durcharbeiten des Textes sinnvoll. Die S. nutzen dabei Markierungsverfahren (Unterstreichen oder farbliches Markieren von → Schlüsselwörtern oder → Randmarkierungen), um wichtige Daten (Angaben zu Zeiten, Orten, Personen etc.) festzuhalten, wichtige von weniger wichtigen Aussagen zu unterscheiden und so zentrale Aussagen des Textes hervorzuheben. Die Reaktionen auf den Text werden durch Randzeichen festgehalten. Durch „Rückwärtslesen" in das Textumfeld hinein versuchen die S., unklare Stellen zu verstehen. Aus Gestaltungsbesonderheiten ziehen sie Rückschlüsse auf Absichten des Autors/der Autorin.

4. *Die gedankliche Verarbeitung des Textes schriftlich festhalten:* Mit Verfahren wie Abschnittsüberschriften, Randbemerkungen oder einem Flussdiagramm verarbeiten die S. die gedankliche Substanz des Textes.

5. *Den Text einordnen und werten:* Die S. gehen kritisch prüfend mit der Textaussage um, indem sie diese auf ihr Vorwissen und ihren Erwartungshorizont (s. Schritt 2) beziehen und für sich festlegen, welche neuen Einsichten zum Thema der Text geliefert hat, was offengeblieben ist und welche interessanten neuen Fragen der Text aufgeworfen hat.

Didaktische Hinweise

Das Leseverfahren berücksichtigt den lernpsychologischen Befund, dass S. komplexe Texte in der Regel nicht in einem Durchgang erfassen können. Veranlasst man S., komplexe Texte direkt im ersten Durchgang intensiv zu lesen und gedanklich zu verarbeiten, schalten sie oft mitten im Leseprozess ab und lesen nur noch mechanisch weiter, ohne die Textaussagen tatsächlich aufzunehmen. Bei der Fünf-Schritt-Lesemethode wird der Leseprozess daher in lernpsychologisch sinnvolle Durchgänge gegliedert. Dabei geht es zunächst um ein überblickartiges Erfassen des Textes und eine persönliche Positionierung zur Textaussage, bei der auch das Vorwissen zum Thema des Textes aktiviert wird; auf dieser Basis sollen dann Textdetails und gedankliche Zusammenhänge auf das Vorverständnis bezogen werden. Das Gehirn ist aufnahmebereiter für neue Informationen, wenn diese in vorhandene „Netze" eingefügt werden können. Im Interesse eines nachhaltigen Lernens ist es am Ende des Leseprozesses wichtig, die neuen Informationen in den bisherigen Wissenshorizont der S. zu integrieren und diesen damit zu erweitern.

Tipps zur Umsetzung: Die Fünf-Schritt-Lesemethode kann durch das → Impuls-Lesen (S. 101 f.) vorbereitet werden. Auch Vorübungen zum diagonalen, überfliegenden Lesen, bei dem die Fixierungen des Auges pro Zeile bzw. Seite reduziert werden, sind sinnvoll. Für eine Klasse 4, in der eine einfache Form der Fünf-Schritt-Lesemethode eingeführt werden soll, könnte eine Aufgabenstellung z. B. so lauten:

Arbeite den Text nach der Fünf-Schritt-Lesemethode durch:

a) Überfliege den Text zunächst und notiere in einem Satz, um was es geht.

b) Schreibe in Form einer Liste stichwortartig auf, was du zu diesem Thema weißt.

c) Unterstreiche im Text → Schlüsselwörter (möglichst in jedem Ansatz ein oder zwei).

d) Schreibe zu jedem Absatz eine Zwischenüberschrift, die den Inhalt zusammenfasst.

e) Füge die im Text neu genannten Aspekte des Themas deiner Liste hinzu.

Anschlussaufgaben

- (schriftliche oder mündliche) Wiedergabe eines Textinhalts
- Lautes Denken (S. 106 f.)

52   Lesetagebuch/Lesejournal (Reading log)

Die S. unterstützen ihre Textlektüre mit einem kreativ aktivierenden Verfahren.

Während der Lektüre eines Textes (in der Regel einer Ganzschrift) setzen sich die S. mehrfach schriftlich mit dem Gelesenen auseinander.

- Einzelarbeit
- Tagebuch
- ab Jahrgangsstufe 3

Literatur

CHRISTIANI, REINHOLD/METZGER, KLAUS (Hrsg.): Grundschul-Fundgrube für Vertretungsstunden. Berlin 2004

HINTZ, INGRID: Das Lesetagebuch. Intensiv lesen, produktiv schreiben, frei arbeiten. Baltmannsweiler 2005

REICH, KERSTEN: Konstruktivistische Didaktik. Lehr- und Studienbuch mit Methodenpool, Weinheim und Basel 2008, Methoden-CD

Standardbezug
Alles aus den Kompetenzbereichen 3.2 und 3.3

Vorbereitungen und Ablauf
Vor Beginn des Journals vereinbart die Lehrperson mit den S., wie mit den Eintragungen später verfahren werden soll. Dabei ist insbesondere zu klären, inwiefern die geschriebenen Texte anderen zugänglich gemacht werden sollen (s. u.).
Die Lehrperson stellt den S. verschiedene Möglichkeiten vor, sich im Rahmen eines Lesejournals kreativ mit einer Lektüre auseinanderzusetzen. Dabei können
– Figuren in bestimmten Situationen die aus Comics bekannten Denkblasen zugeordnet werden,
– an ausgewählten Textstellen Telefonate einzelner Figuren simuliert werden,
– Figuren einen Brief an andere Figuren schreiben,
– für ausgewählte Figuren passende Namenzusätze („der Schlaue", „die Schöne") erfunden werden.
Die S. werden so angeregt, an Stellen der Lektüre, die für sie besonders aussagekräftig sind, das Lesen zu unterbrechen und eine Eintragung ins Lesejournal zu machen. Bei jeder Eintragung soll die Bezugsseite der Lektüre angegeben werden. Weitere Möglichkeiten für Notate sind:
– Die S. schreiben Textstellen ab, die sie besonders aussagekräftig oder wichtig fanden.
– Sie können eine kurze schriftliche Stellungnahme zu dem Verhalten einer Figur abgeben.
– Zusatzinformationen zu Aspekten des Textes können recherchiert und in das Tagebuch eingeklebt werden.
Die Eintragungen der S. gehen anschließend folgendermaßen in den Unterricht ein: Die Lehrperson ruft ein bestimmtes Kapitel oder einen Abschnitt des Textes auf und bittet alle S., die dazu etwas in ihr Lesejournal eingetragen haben, diese persönlichen Notizen zu dem Text vorzutragen. Auf der Basis dieser Präsentation beginnt eine vertiefende Interpretation von Textstellen.

Didaktische Hinweise
Lesetagebücher bieten die Möglichkeit, das Lesen individuell zu fördern und zu begleiten. Persönliche Notizen zu einem Text bekommen für die S. mehr Gewicht und werden zugleich so dokumentiert, dass sie für den Unterricht fruchtbar gemacht werden können. Diese Form der Lesebegleitung stellt zu-

gleich eine Möglichkeit der Differenzierung in leistungsheterogenen Lerngruppen dar.
Die S. werden sich der Faktoren bewusst, die ihre geistigen Aktivitäten beim Lesen steuern. Sie lernen, ihre Leseroutinen zu beschreiben und zu differenzieren. Solche Gespräche über das Lesen und was dabei passiert, sind besonders für unerfahrene Leser/innen hilfreich.
Tipps zur Umsetzung: Für ein Lesejournal können auch – evtl. arbeitsteilig – kurze Inhaltsangaben zu den Kapiteln/Szenen der Lektüre vereinbart werden. Der Prozess des Tagebuchschreibens wird gestützt, wenn die S. am Anfang erste Ergebnisse in kleineren Gruppen austauschen. Ein alternatives Verfahren zur Einbringung der Lesejournal-Eintragungen in den Unterricht: Die S. legen ihre Lesetagebücher auf ihren Tischen aus. In einem vereinbarten Zeitraum (z. B. 30 Minuten) können alle aufstehen, zu einem anderen Platz gehen und Eintragungen anderer lesen. Die Plätze können in der vereinbarten Zeit mehrmals gewechselt werden. Man kann sich jederzeit auf einen freiwerdenden Platz setzen. Anschließend kann jeder einen Vorschlag machen, welche Eintragung klassenöffentlich vorgetragen werden soll, weil sie besonders beeindruckend war.

Anschlussaufgabe

* Innerer Monolog (S. 111 f.)
* Individuelle Gestaltung eines Tagebuch-Covers im Kunstunterricht

53 Paarlesen

Die S. konzentrieren sich in wechselnden Rollen auf den Inhalt eines Textes.
In einem kooperativen Prozess eignen sie sich dabei intensiv die Aussage des Textes an.

* Partnerarbeit
* Bücher, Arbeitsblätter
* ab Jahrgangsstufe 3

Literatur

KONRAD, KLAUS/TRAUB, SILKE: Kooperatives Lernen. Baltmannsweiler 2001
WEIDNER, MARGRIT: Kooperatives Lernen im Unterricht. Seelze 2003

Standardbezug
Texte erschließen
- Verfahren zur ersten Orientierung über einen Text nutzen
- gezielt einzelne Informationen suchen
- Texte genau lesen
- bei Verständnisschwierigkeiten Verstehenshilfen anwenden: nachfragen, Wörter nachschlagen, Text zerlegen
- Texte mit eigenen Worten wiedergeben
- zentrale Aussagen eines Textes erfassen und wiedergeben
- Aussagen mit Textstellen belegen
- eigene Gedanken zu Texten entwickeln, zu Texten Stellung nehmen und mit anderen über Texte sprechen

Vorbereitungen und Ablauf
Ein zu lesender Text wird in Abschnitte unterteilt und in einem ersten Durchgang von beiden Partnern still gelesen. Anschließend tragen sich beide den Text abwechselnd abschnittsweise vor: Während der eine liest, legt der andere den Text zur Seite und hört möglichst aufmerksam zu, damit er anschließend in der Lage ist, den Inhalt des Gehörten möglichst genau wiederzugeben. Der Vorleser kontrolliert mithilfe des Textes, ob alles korrekt wiederholt wird. Dann werden die Rollen getauscht. Mit den folgenden Abschnitten wird ebenso verfahren.

Didaktische Hinweise
Die S.-Paare sollten heterogen zusammengesetzt sein. Die Methode eignet sich besonders auch für das Lesen anspruchsvollerer Sachtexte, deren Erschließung S. oft schwerer fällt als die Rezeption erzählender Texte. Die S. behalten in der Regel mehr Textinformationen als beim Vorlesen durch einen S. im Klassenplenum. Ein weiterer Vorteil ist, dass Verständnisschwierigkeiten mit dem Partner bald geklärt werden können und die weitere Textrezeption nicht erschweren.

Anschlussaufgabe
- Fünf-Schritt-Lesemethode (S. 93 ff.)
- Lautes Denken (S. 106 ff.)
- Multiple-Choice-Test zum Textverständnis

54 Textpuzzle (Jumbled story/poem)

Die S. erfassen den inhaltlichen Aufbau eines Textes durch Rekonstruktion gedanklicher Zusammenhänge.
Sie setzen Teile eines ihnen unbekannten Textes zusammen und erfassen dabei dessen Sinnzusammenhang. Das Verfahren der Enträtselung macht sie auf spielerisch-kreative und intensive Weise mit der Textaussage vertraut und leitet die Textinterpretation ein.

* Partner-, Gruppenarbeit
* Arbeitsblatt, Puzzleteile
* ab Jahrgangsstufe 2

Literatur
JANSSEN, BERND: Kreative Unterrichtsmethoden. Braunschweig 2004, S. 20 ff.
SPINNER, KASPAR H. (Hrsg.): Lesekompetenz erwerben, Literatur erfahren. Berlin 2006

Standardbezug
Texte erschließen
* Texte genau lesen
* handelnd mit Texten umgehen: z. B. illustrieren, inszenieren, umgestalten, collagieren

Vorbereitungen und Ablauf
Die Lehrperson löst die Anordnung eines Textes auf. Dazu werden z. B. die Strophen oder Zeilen eines Gedichts in eine andere, unpassende Reihenfolge gebracht, ungeordnet auf einem Blatt arrangiert oder auseinandergeschnitten und dann als lose Schnipsel präsentiert. Auch kurze Geschichten oder Sachtexte lassen sich in Abschnitte auflösen. Dasselbe gilt für die Wortfolge eines Zitats.
Die S. erhalten den zerlegten Originaltext, dessen Teile auf einem Arbeitsblatt in falscher Reihenfolge zu lesen sind. Ihre Aufgabe besteht darin, in Gruppen- oder Partnerarbeit die Bausteine des Textes genau zu prüfen und eine Reihenfolge festzulegen. Alle Entscheidungen sollen begründet werden. Die Ergebnisse werden im Plenum vorgetragen.

Variante I: In Gruppen von fünf bis acht S. erhält jeder auf einem Papierstreifen einen Auszug aus dem Ursprungstext. Jeder trägt den Inhalt seines

Schnipsels vor; alle beraten dann, wie die richtige Reihenfolge der Textteile ist. Für einen Gesamtvortrag wird dann die Abfolge der Vortragenden festgelegt. In der Gruppe wird mit einem Vortrag des Gesamttextes geprüft, ob die gewählte Reihenfolge stimmig ist.

Variante II: Die Rekonstruktion des Textes in Gruppen wird stumm vorgenommen. Der zerstückelte Text wird in diesem Fall in Form eines Puzzles zur Verfügung gestellt, das auf der Tischplatte zusammengesetzt werden soll. Die S. müssen durch das Arrangieren von Puzzleteilen und das Zeigen von Wörtern oder Sätzen ihre Optionen den anderen plausibel machen. Diese Variante trainiert in besonderer Weise das Kooperationsverhalten.

Variante III: Im Rahmen eines der oben vorgestellten Verfahren wird zusätzlich ein Textelement vorgelegt, das nicht aus dem Ursprungstext stammt. Darüber können die S. informiert werden – oder auch nicht.

Variante IV: Die S. erhalten die Textschnipsel und prägen sich den Inhalt gut ein. Dann werden die Puzzleteile wieder abgegeben, die S. tragen die Inhalte mündlich vor und entscheiden auf dieser Basis über eine Reihenfolge der Textpassagen. Die Textaussage wird dann in dieser festgelegten Reihenfolge im Plenum mündlich wiedergegeben. Anschließend wird der Originaltext verlesen.

Variante V: Die Puzzleteile werden als Folienschnipsel mithilfe eines Tageslichtprojektors sortiert. Dabei machen einige S. im Plenum nacheinander Vorschläge zur Änderung des Arrangements, die jeweils von den Mits. auf ihre Schlüssigkeit hin geprüft werden. (Diese Variation eignet sich zur Rekonstruktion eines Gedichts, jedoch nicht für längere Prosa- oder Sachtexte.)

Didaktische Hinweise
Das Verfahren des Textpuzzles schließt an Bild-Puzzles an, mit denen man z.B. Lerngruppen zusammensetzen kann. In der Regel werden gedankliche Zusammenhänge der Textaussage im Verlauf des Verfahrens so gründlich erschlossen, dass nahezu alle S. bei einer nachfolgenden Analyse über passable Textkenntnisse verfügen.
Die Prozesslogik einer Textaussage ist bei Sachtexten oder Prosa in der Regel zwingend; bei Lyrik kann es zu Varianten kommen, die ebenfalls eine innere Schlüssigkeit aufweisen und nicht verworfen werden sollten.

Tipps zur Umsetzung: Das Verfahren kann manchmal nicht angewendet werden, weil einige S. den zu rekonstruierenden Text bereits kennen. Ist der Lehrperson dieser Sachverhalt früh genug bekannt, kann sie die bereits textkundigen S. bitten, ihr Wissen zunächst nicht preiszugeben. Im Sinne einer inneren Differenzierung erhalten diese S. dann eine andere Aufgabe (z.B. Entwerfen eines Flussdiagramms zu dem zu bearbeitenden Text).

Anschlussaufgabe
- Mündliche Textanalyse
- Lesebaum (S. 108 f.)
- Lautes Denken (S. 106 ff.)
- Anschlusstext (S. 110 f.)

55 Impuls-Lesen

Die S. registrieren während des Lesens differenziert ihre Reaktionen auf einen Text.
Sie machen sich zeitökonomisch Notizen zum Text und bereiten so ein Gruppengespräch über ihr Textverständnis vor.
- Einzel-, Gruppenarbeit
- Textblatt
- ab Jahrgangsstufe 3

Literatur
MÜLLER, ASTRID/ROEBBELEN, INGRID: Verstehenshorizonte nutzen. In: Praxis
   Deutsch, Hinweise zur Weiterarbeit, H. 187, 2004, S. 32–34
MOERS, EDELGARD: Informierendes Lesen. Berlin 2004

Standardbezug
Gespräche führen
- sich an Gesprächen beteiligen
- gemeinsam entwickelte Gesprächsregeln beachten: z.B. andere zu Ende sprechen lassen, auf Gesprächsbeiträge anderer eingehen, beim Thema bleiben
- Anliegen und Konflikte gemeinsam mit anderen diskutieren und klären
Texte erschließen
- Verfahren zur ersten Orientierung über einen Text nutzen
- gezielt einzelne Informationen suchen

- Texte genau lesen
- bei Verständnisschwierigkeiten Verstehenshilfen anwenden: nachfragen, Wörter nachschlagen, Text zerlegen
- Texte mit eigenen Worten wiedergeben
- zentrale Aussagen eines Textes erfassen und wiedergeben
- Aussagen mit Textstellen belegen
- eigene Gedanken zu Texten entwickeln, zu Texten Stellung nehmen und mit anderen über Texte sprechen

Vorbereitungen und Ablauf

Das Verfahren setzt voraus, dass Texte kopiert vorliegen, damit sie markiert werden können. Die S. überfliegen den ihnen unbekannten Text zunächst. Anschließend lesen sie ihn noch einmal gründlich und versehen ihn dabei am Rand mit Markierungen, die spezifische Reaktionen auf den Text ausdrücken sollen:

1. Das war neu für mich. !

2. Das war mir bekannt. ✓

3. Das verstehe ich nicht. ??

4. Dazu will ich eine Frage stellen. ?!

5. Darüber möchte ich in der Gruppe sprechen. „...“

In kleinen Gruppen werden dann die verschiedenen Markierungen nacheinander aufgerufen und abgeglichen. Die Punkte 4 und 5 werden am ausführlichsten behandelt.

Didaktische Hinweise

Die S. leisten mit diesem Verfahren eine strukturierte Texterarbeitung in Selbststeuerung. Die Punkte 1 und 2 können in Gruppen schnell abgearbeitet werden. In den Bereichen 3, 4 und 5 kann die Gruppe versuchen, Klärungen herbeizuführen. Offene Fragen werden für ein anschließendes Plenum notiert und dort eingebracht. Bei diesem Verfahren handelt sich um eine Vorform der → Fünf-Schritt-Lesemethode.

Anschlussaufgaben

- Plenumsgespräch
- Fünf-Schritt-Lesemethode (S. 93 ff.)

56 Randmarkierungen

Die S. halten beim Lesen von Texten Eindrücke in Verarbeitungsspuren fest.
Sie nutzen ein differenziertes System von Symbolen am Textrand.
- Einzelarbeit
- Textvorlage
- ab Jahrgangsstufe 2

Standardbezug
richtig schreiben
- Arbeitstechniken nutzen

Texte schreiben
- Lernergebnisse geordnet festhalten und auch für eine Veröffentlichung verwenden

über Lesefähigkeiten verfügen
- altersgemäße Texte sinnverstehend lesen
- lebendige Vorstellungen beim Lesen und Hören literarischer Texte entwickeln

Texte erschließen
- Verfahren zur ersten Orientierung über einen Text nutzen

Vorbereitungen und Ablauf
Während der Lektüre eines zu erarbeitenden Textes markieren die S. einen Text am Rand z. B. mit den folgenden Symbolen:

| wichtige Textaussage

zweifelhafte Aussage, die z. B. eigenen Erfahrungen widerspricht

? vorerst unklare Textstelle, die später noch einmal genauer betrachtet werden muss

! Aussage, die in besonderer Weise den eigenen Einsichten entspricht oder die in diesem Text inhaltlich wichtig ist

Didaktische Hinweise
Das Verfahren hält S. dazu an, einen Text aktiv zu lesen und die Verarbeitungsintensität zu steigern. Als Alternative sind entsprechende Markierungen im Text (Einkreisung, Unterstreichen, Unterschlängeln etc.) möglich.

Anschlussaufgaben
- Impuls-Lesen in Gruppen (S. 101 f.)
- Gestaltendes Vorlesen (S. 90 f.)
- Lesebaum (S. 108 f.)
- Lautes Denken (S. 106 ff.)

57 Schlüsselwörter (Keywords)

Die S. finden und markieren in einem Text die zentralen Begriffe.
Sie identifizieren die gedanklichen Schwerpunkte in einem Text und machen diese an möglichst wenigen Wörtern (Nomen) fest. Die S. organisieren so sinnentnehmendes Lesen.
- Einzel-, Partnerarbeit
- Texte
- ab Jahrgangsstufe 3

Standardbezug
Texte erschließen
- Verfahren zur ersten Orientierung über einen Text nutzen
- gezielt einzelne Informationen suchen
- Texte genau lesen
- Aussagen mit Textstellen belegen

Vorbereitungen und Ablauf
Die S. werden aufgefordert, nach einem ersten Lesedurchgang die wichtigsten Aussagen eines Textes herauszufinden. Dazu sollen nur drei bis zehn Begriffe markiert werden, die einen Schlüssel für das Verständnis des Textes bieten. Diese Schlüsselwörter sollen einheitlich (z. B. mit einer Farbe, durch Unterstreichung) markiert werden.

Didaktische Hinweise
Wenn man S. veranlasst, die wichtigsten Aussagen in einem Text zu unterstreichen, markieren sie nicht selten bis zur Hälfte aller Wörter. Es gelingt nicht, die Komplexität des Textes zu reduzieren und die Einzelaussagen in ihrer Wichtigkeit zu hierarchisieren. Das Schlüsselwort-Verfahren mit seinen strengeren Vorgaben erzieht zur notwendigen Reduktion. Die Festlegung von Schlüsselwörtern ist ein wichtiges Verfahren auf dem Weg zur Textgliederung. Ungeübte Leserinnen und Leser in der Lerngruppe können evtl. da-

rauf hingewiesen werden, dass es sich bei Schlüsselwörtern in der Regel um Nomen handelt, weil mit ihnen Begriffliches besser ausgedrückt werden kann als z. B. mit Verben. Fällt den S. die Hierarchisierung von Aussagen insgesamt schwer, können zunächst Hilfestellungen gegeben werden wie: „Streiche Beispiele durch, auch wenn sie länger sind. In Beispielen findest du keine zentrale Aussage." Liegt der Text digitalisiert vor, können Schlüsselwörter auch am PC markiert werden.

Anschlussaufgaben

*   Abschnittüberschriften
*   Lesebaum (S. 108 f.)
*   Lautes Denken (S. 106 f.)
*   Plenumsgespräch

Texte verstehen

58 Lautes Denken

Alle S. einer Lerngruppe entwickeln spontan Deutungsideen zu einem Text.
In einem regelgeleiteten Verfahren üben sie Strategien des aktiven Lesens
ein und intensivieren ihre geistige Beteiligung beim Lesen und Verstehen. In
einem kleinen sozialen Kontext (Partnerarbeit) entwickeln sie eine intensive
Interaktion, in der ein erstes, vorläufiges Textverstehen formuliert werden
kann.
- Partnerarbeit
- Impulsliste
- ab Jahrgangsstufe 2

Literatur
CHRISTIANI, REINHOLD/METZGER, Klaus (Hrsg.): Grundschul-Fundgrube für
    Vertretungsstunden. Berlin 2004
MOERS, EDELGARD: Informierendes Lesen. Berlin 2004
SCHOENBACH, RUTH u.a.: Lesen macht schlau. Berlin 2006, S. 94 f.

Standardbezug
über Lernen sprechen
- Beobachtungen wiedergeben
- Begründungen und Erklärungen geben
- Lernergebnisse präsentieren und dabei Fachbegriffe benutzen
- über Lernerfahrungen sprechen und andere in ihren Lernprozessen unterstützen
Texte erschließen
- Verfahren zur ersten Orientierung über einen Text nutzen
- gezielt einzelne Informationen suchen
- Texte genau lesen
- zentrale Aussagen eines Textes erfassen und wiedergeben
- Aussagen mit Textstellen belegen
- eigene Gedanken zu Texten entwickeln, zu Texten Stellung nehmen und
  mit anderen über Texte sprechen

Vorbereitungen und Ablauf

Als Vorbereitung präsentiert die Lehrperson wichtige Elemente des Lauten Denkens (s. u.) am Beispiel eines eigenen Textvortrags. Dazu wird der Vortrag nach jedem Abschnitt unterbrochen und in Form des Lauten Denkens kommentiert. Die dabei benutzten Denkimpulse werden den S. vorab in Form einer Liste zur Verfügung gestellt, die die Kategorien Textaussage, persönliche Gedanken, Unklarheiten, Ideen zum Fortgang umfasst:

Was der Text mir gesagt hat:
– Im Text steht, dass ...
– Klar ist auch, dass ...

Woran ich dabei gedacht habe:
– Das erinnert mich an ...
– Beim Lesen habe ich auch gedacht an ...

Was im Moment noch unklar ist:
– Ich weiß nicht, was der Autor/die Autorin sagen will mit ...
– Ich habe nicht ganz verstanden, wieso ...
– Verwirrt hat mich, dass ...

Was ich in den nächsten Abschnitten erwarte:
– Ich glaube, bald wird ...
– Der Autor/die Autorin könnte später ...
– Interessant wäre, wenn bald ...

Die S. verfahren jeweils zu zweit so:
– Einer liest einen Textabschnitt vor,
– woraufhin der andere anhand der Impulsliste „laut denkt".
– Dann wird umgekehrt verfahren.

Didaktische Hinweise

Eine Reihe von S. hat bei der Interpretation von Texten durchaus Anfangsideen zur Deutung von Textaussagen; diese kommen aber oft gar nicht zur Sprache, weil ein Plenumsgespräch in Form des fragend-entwickelnden Verfahrens meist von der Lehrperson und nur wenigen teilnehmenden S. vorangetrieben wird. Viele S. gewöhnen sich dabei schnell an, andere in der Klasse, die sie für leistungsstärker bzw. redegewandter halten, die Deutungsarbeit für die gesamte Lerngruppe erledigen zu lassen. Das „Laute Denken" stellt sicher, dass alle S. am Deutungsgeschehen aktiv beteiligt sind und dass alle Mitglieder einer Lerngruppe sich als strategische Leser weiterentwickeln.

Tipps zur Umsetzung:
Alternativ kann auch so verfahren werden, dass die S. in der Partnerarbeit einen Textabschnitt vorlesen und ihn dann unmittelbar danach selbst für ihren Partner/ihre Partnerin laut kommentieren. Dann erst werden die Rollen getauscht. Zusätzlich zu den o. g. Kategorien (Textaussage, persönliche Gedanken, Unklarheiten, Ideen zum Fortgang) können S., die mit dem Verfahren bereits vertraut sind, auch Problemlösungsstrategien im Umgang mit Unklarheiten entwickeln. Mögliche Denkimpulse:

- Welche Sätze im letzten Abschnitt sollte ich noch einmal lesen?
- Wo im bisherigen Text könnte ich nachlesen, um eine unklare Aussage zu verstehen?
- Welche Wörter sollte ich in einem Wörterbuch oder Lexikon nachschlagen?
- Welche Frage sollte ich dem Lehrer/der Lehrerin stellen, um mir mehr Klarheit zu verschaffen?

Die S. sollten ausdrücklich darauf hingewiesen werden, dass auch und gerade die irritierenden Leseerfahrungen (vgl. „Was im Moment noch unklar ist") für Verstehensprozesse und Deutungen von besonderer Bedeutung sind und keineswegs unterdrückt werden sollten. Hingewiesen werden kann in diesem Zusammenhang darauf, dass die Leserirritation besonders in der moderneren Literatur ein weitverbreitetes literarisches Verfahren ist, das vom Leser ausgehalten und produktiv gewendet werden sollte.

Anschlussaufgaben
- Leises Denken, bei dem die S. mithilfe der Impulsliste in Einzelarbeit einen Text(abschnitt) bearbeiten
- Lesetagebuch/Lesejournal (S. 95 ff.)
- Fragend-entwickelndes Verfahren im Klassenplenum

59 Lesebaum

Die S. strukturieren das Textverstehen mithilfe einer Visualisierung.
Sie beziehen ihre Vorinformationen zum Thema des Textes und die Textinformationen aufeinander und hierarchisieren diese Informationen.
- Partner-, Gruppenarbeit
- Arbeitsblatt mit Baumumriss
- ab Jahrgangsstufe 2

Literatur
SCHÖNBACH, RUTH u.a.: Lesen macht schlau, Berlin 2006, S. 131 f.

Standardbezug
über Leseerfahrungen verfügen
* verschiedene Sorten von Sach- und Gebrauchstexten kennen
* die eigene Leseerfahrung beschreiben und einschätzen
Texte erschließen
* Verfahren zur ersten Orientierung über einen Text nutzen
* gezielt einzelne Informationen suchen
* Texte genau lesen
* Texte mit eigenen Worten wiedergeben
* zentrale Aussagen eines Textes erfassen und wiedergeben
* Aussagen mit Textstellen belegen

Vorbereitungen und Ablauf
Vorgegeben wird ein Arbeitsblatt mit einem Baumumriss, in den die S. verschiedene Schichten ihres Textverstehens gegliedert eintragen, und zwar
a) auf dem Stamm den Titel des Textes;
b) auf den Wurzeln stichwortartig alles, was die S. zum Thema des Textes bereits wissen;
c) auf den Ästen zentrale Aspekte der Textaussage;
d) im Laubdach Einzelaussagen des Textes, die sich diesen zentralen Aspekten zuordnen lassen. Dabei sollen jeweils die drei bis fünf wichtigsten Aussagen ausgewählt werden.
Alternative: Der Baum wird an die Tafel gezeichnet und die Eintragungen erfolgen zunächst im Plenum der Lerngruppe. Bei längeren Texten kann Schritt c in arbeitsteiliger Gruppenarbeit erfolgen. Die Ergebnisse werden dann im Plenum zusammengetragen und in dem Tafelbaum notiert. Die S. übertragen die Ergebnisse schließlich in ihre Hefte.

Didaktische Hinweise
Dieses Verfahren unterstützt insbesondere visuelle Lerntypen. Der Lesebaum ist besonders zur gedanklichen Erschließung von Sachtexten geeignet.

Anschlussaufgaben
* Mündliche oder schriftliche Aussagen über einen Text (gestützt auf die Stichworte im Lesebaum)
* Lesetagebuch/Lesejournal (S. 95 ff.)

60 Anschlusstext

Die S. setzen einen literarischen Text oder Film über dessen Ende hinaus fort.

Sie greifen dabei die Prozesslogik der Handlung auf und gestalten eine Fortführung.

* Einzel-, Gruppenarbeit (Möglichkeit innerer Differenzierung)
* ab Jahrgangsstufe 3

Literatur

BRENNER, GERD: Kurzprosa. Kreatives Schreiben und Textverstehen. Berlin 2000, S. 13

METZGER, KLAUS: Handlungsorientierter Umgang mit Medien im Deutschunterricht. Berlin 2001

Standardbezug

Kompetenzbereiche 3.2 und 3.3 komplett

Texte präsentieren

* selbstgewählte Texte zum Vorlesen vorbereiten und sinngestaltend vorlesen,
* Geschichten, Gedichte und Dialoge vortragen, auch auswendig,
* ein Kinderbuch selbst auswählen und vorstellen,
* verschiedene Medien für Präsentationen nutzen,
* bei Lesungen und Aufführungen mitwirken

Vorbereitungen und Ablauf

Die S. überlegen in Gruppen, wie ein literarischer Text nach dem vom Autor/der Autorin vorgesehenen Ende fortgesetzt werden könnte, und notieren kurz verschiedene Optionen. In Einzelarbeit schreibt dann jeder eine Fortsetzung. Die folgenden Varianten sind vorstellbar:

* *Anschluss-Dialog:* Nach Ende der Texthandlung trifft eine der beteiligten Figuren eine andere und denkt mit ihr im Gespräch über das vergangene Geschehen nach.
* *Anschluss-Erzählung:* Eine Resonanz auf das Geschehen am Ende wird in Form eines erzählenden Textes ausgestaltet.
* *Aufwachen:* Die S. gehen davon aus, dass jemand – evtl. eine der literarischen Figuren – das in dem Text Dargestellte nur geträumt hat. Sobald die Person aus dem Traum erwacht, fängt sie an, den Traum zu verarbeiten.

Die S. schreiben aus der Sicht der Figur einen kommentierenden Text zum „Traumgeschehen".

Didaktische Hinweise

Die S. sollten darauf hingewiesen werden, dass sie ihren Anschlusstext gedanklich mit dem Ausgangstext verbinden und dass sie dabei in plausibler Weise seiner bisherigen Entwicklungslogik folgen sollten. Mit dem Verfahren lässt sich feststellen, ob die S. einen Text intensiv gedanklich verarbeitet haben.

Anschlussaufgabe

• Vortrag des Anschlusstextes im Plenum

61 Innerer Monolog (Interior monologue)

Die S. fassen die Gedanken einer (literarischen) Figur in Worte.
Sie vertiefen ihr Textverständnis, indem sie einer Figur situations- und figurengerecht Gefühlsäußerungen und Reflexionen zuschreiben.
• Einzelarbeit (Möglichkeit innerer Differenzierung)
• Bezugstext
• ab Jahrgangsstufe 3

Literatur

ABRAHAM, ULF/KUPFER-SCHREINER, CLAUDIA (Hrsg.): Schreibaufgaben. Berlin 2007
METZGER, KLAUS (Hrsg.): Gute Aufgaben Deutsch. Berlin 2008

Standardbezug
Texte erschließen

• Texte mit eigenen Worten wiedergeben
• zentrale Aussagen eines Textes erfassen und wiedergeben
• eigene Gedanken zu Texten entwickeln, zu Texten Stellung nehmen und mit anderen über Texte sprechen
• bei der Beschäftigung mit literarischen Texten Sensibilität und Verständnis für Gedanken und Gefühle und zwischenmenschliche Beziehungen zeigen

Vorbereitungen und Ablauf

Die S. wählen eine Textstelle aus, in der sich literarische Figuren in einer für die S. interessanten Lage befinden. Sie lesen den Text an dieser Stelle noch einmal sehr genau, versetzen sich so intensiv wie möglich in eine der Figuren hinein und schreiben dann in Ich-Form und im Präsens als Basiszeit die Gedanken auf, die der Figur genau in diesem ausgewählten Moment durch den Kopf gehen könnten.

Didaktische Hinweise

Ein innerer Monolog gibt den Bewusstseinszustand einer literarischen Figur unmittelbar – also ohne Zwischenschaltung eines Erzählers – wieder. Dargestellt werden in Wirklichkeit unausgesprochene Gedanken und Ahnungen, darunter auch Unbewusstes und Tabuisiertes. Mit inneren Monologen gestalten S. literarische Texte kreativ weiter aus, deren erzählerisches Potenzial vom Autor nicht ausgeschöpft worden ist; dabei geht es besonders um das innere Geschehen (Empfindungen, Gedanken, Pläne einer Figur). Als Anregung können die S. Beispiele aus der erzählenden Literatur erhalten (z.B. aus Astrid Lindgrens „Mio, mein Mio"). Als besondere Ausprägung des inneren Monologs gilt der Bewusstseinsstrom (stream of consciousness), mit dem Gedanken, Wahrnehmungen und Empfindungen – auch in einer zusammenhanglos wirkenden Folge – wiedergegeben werden.

Anschlussaufgabe

- Vortrag des Bezugstextes und entsprechender innerer Monologe im Plenum
- Aushang innerer Monologe, nach dem Comic-Muster als Denkblasen gestaltet

62 Perspektivenwechsel (Point-of-view story)

Die S. nähern sich einem Text von einem veränderten Standpunkt her.
Sie ändern die Perspektiven-Entscheidung des Autors/der Autorin und werden der Textaussage aus einem anderen Blickwinkel gerecht.
- Einzelarbeit (Möglichkeit innerer Differenzierung)
- Bezugstext
- ab Jahrgangsstufe 3

Literatur

ABRAHAM, ULF/KUPFER-SCHREINER, CLAUDIA (Hrsg.): Schreibaufgaben. Berlin 2007

METZGER, KLAUS (Hrsg.): Gute Aufgaben Deutsch. Berlin 2008

Standardbezug
Texte erschließen

* Texte mit eigenen Worten wiedergeben
* zentrale Aussagen eines Textes erfassen und wiedergeben
* eigene Gedanken zu Texten entwickeln, zu Texten Stellung nehmen und mit anderen über Texte sprechen
* bei der Beschäftigung mit literarischen Texten Sensibilität und Verständnis für Gedanken und Gefühle und zwischenmenschliche Beziehungen zeigen

Vorbereitungen und Ablauf

Die S. werden aufgefordert, einen literarischen Text aufmerksam zu lesen, dann eine andere Sichtweise zu wählen und den Text – oder Teile davon – aus dieser Perspektive neu schriftlich zu fassen. Folgende Möglichkeiten sind gegeben:

* Aus einem auktorialen wird ein personaler Er-Erzähler, der alles vom Standort einer der im Text vorkommenden literarischen Figuren betrachtet.
* Aus einem auktorialen Erzähler wird ein Ich-Erzähler, der die Sichtweise einer der literarischen Figuren einnimmt.
* Ein personaler Erzähler wird gewechselt: Statt aus der Sichtweise einer Figur wird aus der einer anderen erzählt.
* Es wird eine neue, bisher nicht am Geschehen beteiligte Figur eingefügt, die alles aus ihrer Ich-Perspektive erzählt.
* Die Ausgestaltung der auktorialen Perspektive wird geändert, z.B. von neutral zu spöttisch, kritisch-distanziert usw.

Didaktische Hinweise

Ein Perspektivenwechsel erweitert die Wahrnehmung einer literarischen Aussage und erlaubt es, anschließend einen zweiten, noch genaueren Blick auf den Ausgangstext zu werfen und die ursprüngliche Entscheidung des Autors/der Autorin zu werten.

Anschlussaufgabe
* Zusammenstellung neuer Sichtweisen einer Handlung in Form eines →
  Galeriegangs
* Auslegen der entstandenen Texte auf Tischen und Rundgang, um einige
  Texte der Mitschüler/innen zu lesen

63 Textplakat

Die S. wählen Elemente eines Textes aus, auf die reagiert werden soll,
schreiben Zusatztexte und ordnen sie auf einer Arbeitsfläche an.
Im Rahmen einer Textanalyse/-interpretation oder Textrevision schreiben
die S. gedanklich ergänzende oder fortführende Zusatztexte und verankern
sie an konkreten Stellen des Bezugstextes.
* Einzel- und Gruppenarbeit
* Bezugstext
* ab Jahrgangsstufe 3

Literatur
ABRAHAM, ULF/KUPFER-SCHREINER, CLAUDIA (Hrsg.): Schreibaufgaben. Berlin
    2007
BECKER-MROTZEK, MICHAEL/BÖTTCHER, INGRID: Schreibkompetenz entwickeln
    und beurteilen. Berlin 2006

Standardbezug
Texte verfassen
  Texte planen
  * Schreibabsicht, Schreibsituation, Adressaten und Verwendungszusam-
    menhang klären
  * sprachliche und gestalterische Mittel und Ideen sammeln: Wörter und
    Wortfelder, Formulierungen und Textmodelle
  Texte schreiben
  * Lernergebnisse geordnet festhalten und auch für eine Veröffentlichung
    verwenden
  Texte überarbeiten
  * Texte an der Schreibaufgabe überprüfen
  * Texte auf Verständlichkeit und Wirkung überprüfen

- Texte in Bezug auf die äußere und sprachliche Gestaltung und auf die sprachliche Richtigkeit hin optimieren
  - Texte für die Veröffentlichung aufbereiten und dabei auch die Schrift gestalten

Texte erschließen
- Texte mit eigenen Worten wiedergeben
- zentrale Aussagen eines Textes erfassen und wiedergeben
- eigene Gedanken zu Texten entwickeln, zu Texten Stellung nehmen und mit anderen über Texte sprechen
- bei der Beschäftigung mit literarischen Texten Sensibilität und Verständnis für Gedanken und Gefühle und zwischenmenschliche Beziehungen zeigen

Vorbereitungen und Ablauf

Für dieses Verfahren werden größere Papier- bzw. Kartonflächen (z.B. großformatige Blätter, Plakatkartons, Abschnitte von Zeitungsendrollen u.Ä.) benötigt.

Für die Textanalyse/-interpretation erhalten die S. die Anregung,
- den zu bearbeitenden Text in die Mitte einer größeren Papierfläche zu kleben,
- Elemente bzw. Ebenen des Textes zu markieren, denen sie sich (arbeitsteilig) zuwenden wollen,
- zu den definierten Bereichen individuelle Texte (Notizensammlungen oder auch ausformulierte Texte) zu schreiben und
- diese nach dem folgenden Muster zuzuordnen:

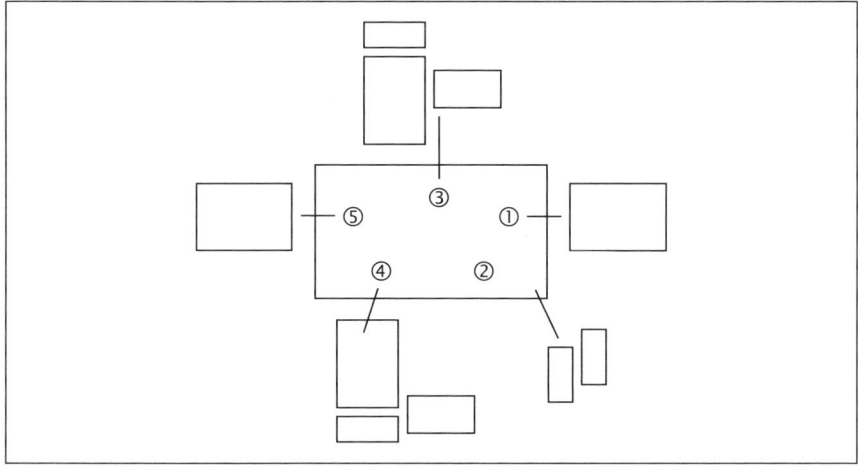

In diesem Beispiel ergänzen fünf Schüler in der Gruppe Zusatztexte. Die zugeordneten interpretierenden Texte können nach einer ersten Arbeitsrunde
– je nach zur Verfügung stehendem Platz – weiter ergänzt werden.
Bei der Textrevision (→ Schreibkonferenz, S. 128 ff.) verfahren die S. ähnlich;
sie
* legen Textbereiche fest, die revidiert werden sollen,
* ordnen diesen im Text oder am unmittelbaren Textrand Ziffern zu,
* entwickeln dazu schriftliche Vorschläge und
* ordnen diese auf der Papier- bzw. Karton-Arbeitsfläche dem Ausgangstext
  zu.

Didaktische Hinweise

BECKER-MROTZEK und BÖTTCHER bezeichnen dieses Verfahren als „Über-den-
Rand-hinaus-Schreiben" (2006, S. 47); es stützt das „Über-den-Rand-hinaus-
Denken", also eine Denkbewegung, die immer wieder Abstand vom Text
gewinnt und dann doch wieder in ihn hineingeht. Das erleichtert eine kri-
tisch-analytische Verarbeitung des Textes. Ein Vorteil des Verfahrens ist zudem, dass die S. gedankliche Bezüge zwischen einem Ausgangstext und zugeordneten Texten schnell überblicken können. Eigentlich ist dieses Verfahren
eine der gängigsten Methoden der Textbearbeitung: Man nutzt den Rand, um
Notizen zu machen und dabei Einsichten festzuhalten, Fragen zu notieren
usw. (→ Randmarkierungen, S. 103 f.). Die Computertechnik erlaubt es, diese
Zuordnungen über den Rand eines Textes hinaus als Links zu gestalten. Die
Verlinkung hat allerdings den Nachteil, dass die zugeordneten Texte nicht
gleichzeitig auf einer „Arbeitsfläche" zur Verfügung stehen, dass also schnelle Blickwechsel von dem einen zum anderen Text nicht möglich sind.
Mit einem größeren Papierformat, das auf einem Einzeltisch noch handhab-
bar ist, kann das Verfahren auch bei Klassenarbeiten eingesetzt werden, in
denen Texte interpretiert werden sollen. Die S. bereiten mit ihrem Textplakat
in einer Sammelphase ihren Aufsatz vor. Beim Schreiben haben sie dann
gegliedertes und z. T. schon ausformuliertes Material vor Augen, das sich zu
einem zusammenhängenden Text ausgestalten lässt.

Anschlussaufgabe
* Schriftliche Äußerung zu einem Text
* Klassenarbeit

Texte schreiben

64 Drei-Minuten-Text

Die S. intensivieren ihre erzählerische Fantasie.
Sie entschleunigen in einem erzählenden Text die Handlungsentwicklung
und gestalten so Handlungselemente genauer aus.
* Einzelarbeit
* ab Jahrgangsstufe 2

Literatur
ABRAHAM, ULF/KUPFER-SCHREINER, CLAUDIA (Hrsg.): Schreibaufgaben. Berlin
2007
BRENNER, GERD: Die ersten drei Minuten. In: Biermann, Heinrich/Schurf,
Bernd (Hrsg.): Deutschbuch 5. Berlin 1997, S. 51 f.

Standardbezug
Texte verfassen
  Texte planen
  * Schreibabsicht, Schreibsituation, Adressaten und Verwendungszusam-
    menhang klären
  Texte schreiben
  * verständlich, strukturiert, adressaten- und funktionsgerecht schreiben:
    Erlebtes und Erfundenes; Gedanken und Gefühle; Bitten, Wünsche,
    Aufforderungen und Vereinbarungen; Erfahrungen und Sachverhalte
  Texte überarbeiten
  * Texte an der Schreibaufgabe überprüfen
  * Texte auf Verständlichkeit und Wirkung überprüfen

Vorbereitungen und Ablauf
Die S. suchen sich ein überschaubares, nur kurze Zeit in Anspruch nehmen-
des Ereignis aus (z. B. Rückgabe einer Klassenarbeit, das Zögern einer Oma
vor der Rolltreppe, Aufstehen), über das sie erzählen möchten. Sie bekommen dann die Vorgabe, nur die ersten drei Minuten dieser Handlung darzu-
stellen, sich diese möglichst genau vorzustellen und sie dann in einem Drei-
Minuten-Text möglichst detailliert auszugestalten. Sie erhalten dazu eine

Liste mit Darstellungsoptionen wie
* wörtliche Rede,
* beschreibende Sätze,
* veranschaulichende Adjektive,
* Vergleiche.

Didaktische Hinweise

Jüngere S., die erzählende Texte verfassen, neigen unter dem Einfluss entsprechender Medienformate dazu, in rascher Folge ein Handlungselement an das andere zu reihen, ohne Akzente der szenischen Entfaltung zu setzen. Ihre Texte kommen zu schnell zum Ende; interessante Details gehen dabei verloren. Daher sind Verfahren der Entschleunigung sinnvoll, die dazu anleiten, einzelne Handlungsschritte genauer auszufantasieren.

Anschlussaufgabe

* Fortsetzung der Geschichte mit einigen weiteren Drei-Minuten-Abschnitten und zeitraffenden Zwischenstücken
* pantomische Darstellung des erzählten Geschehens mit möglichst vielen der im Schülertext erzählten Details

65 Wortfelder/Thesaurus

Die S. entwickeln Ausdrucksvarianten.
Sie stellen verschiedene Wortfelder für bestimmte Gestaltungsherausforderungen erzählender Texte zusammen.
* Gruppenarbeit, Klassenplenum
* erzählende Texte als Fundgruben für Formulierungen
* ab Jahrgangsstufe 1

Literatur

Dudenredaktion (Hrsg.): Duden. Das Synonymwörterbuch. Ein Wörterbuch sinnverwandter Wörter. Mannheim 2004
METZGER, KLAUS: Handlungsorientierter Umgang mit Medien im Deutschunterricht. Berlin 2001

Standardbezug
richtig schreiben
- Wörterbuch nutzen
- Rechtschreibhilfen des Computers kritisch nutzen

Texte planen
- sprachliche und gestalterische Mittel und Ideen sammeln: Wörter und Wortfelder, Formulierungen und Textmodelle

Vorbereitungen und Ablauf
Zu Erzählsituationen, in denen sie sich oft wiederholen und zu denen sie Ausdrucksvarianten benötigen, sammeln die S. passende Textbausteine aus erzählenden Texten.
Aus dem Gedächtnis, mithilfe ihnen bekannter bzw. vorliegender Prosatexte und evtl. unter Nutzung eines Synonymwörterbuches (s. u.) stellen die S. Wortfelder zusammen. Diese werden in Form von Listen gestaltet und allen zugänglich gemacht.
Zu dem Textbaustein „Der Mann sagt ...“ kann die Liste z. B. die folgenden Varianten enthalten:

erklärt	stottert	brummelt	erzählt	schlägt vor
lallt	ruft	grölt	meint	gibt zu bedenken
erzählt	jammert	stöhnt	lispelt	kündigt an
kreischt	lamentiert	behauptet	widerspricht	tut kund
flüstert	schreit	johlt	stellt fest	verkündet
schimpft	zischt	krakeelt	äußert	befiehlt
erwähnt	bemerkt	lässt wissen	teilt mit	gibt zu verstehen

Eine Liste zu dem Verb „laufen“ kann z. B. folgende Alternativen umfassen:

rennen	schleichen	eilen	stürmen	sich bewegen
hetzen	fegen	preschen	wieseln	(hervor-/vorbei-) jagen
hasten	düsen	flitzen	schießen	sprinten
spurten	springen	schreiten	rasen	marschieren
stolzieren	spazieren	schlendern	die Beine in die Hand nehmen	
schreiten	wandeln	laufen	watscheln	trotten
stiefeln	schlappen	flanieren	wackeln	brausen
sausen	(von dannen) ziehen		tapsen	

Mögliche Alternativen:
- Thesaurus: Die S. erfassen – evtl. arbeitsteilig – Textbausteine, zu denen Wortfeldergänzungen gesucht werden, in einer Textdatei und suchen zu ausgewählten Wörtern mithilfe des integrierten Synonymwörterbuchs/ Thesaurus möglichst viele passende Alternativen. Im Programm MS Word z.B. befindet es sich unter Extras, Sprache ein Thesaurus. Zuvor muss das Wort, um das es geht, markiert werden.
- Wortfeld-Mindmap: Die Wörter werden in Form einer Mindmap angeordnet, wobei das Material durch Hauptäste nach bestimmten Gesichtspunkten (im Fall von „gehen" z.b. „schnell" und „langsam") geordnet werden kann.
- Wortfeld-Tabelle: Auch mithilfe von Tabellen können Wortfelder nach verschiedenen Gesichtspunkten untergliedert werden.

Didaktische Hinweise

Was Ausdrucksvarianten anbetrifft, so kommen insbesondere jüngere S. oft schnell an Grenzen. Dies gilt jedoch keineswegs für alle S. einer Lerngruppe; einige belesene S. können zu Textbausteinen wie „Sie geht …" oder „Dann …" oft viele Vorschläge machen. Diese Ressourcen können in der Klasse genutzt werden. Zusätzlich sollte jedoch auf alle zur Verfügung stehenden Hilfsmittel zurückgegriffen werden (Synonymwörterbuch, interessante Beispiele der erzählenden Literatur, PC), um den S. Handlungsalternativen aufzuzeigen, die sie auch bei der häuslichen Arbeit nutzen können.

Wortfeldübungen sind auch gut geeignet, um im Fach Deutsch oder im Fremdsprachenunterricht den aktiven Wortschatz der S. zu erweitern. Dazu können die Bedeutungsvarianten innerhalb eines Wortfeldes genauer betrachtet und zu jedem Wort Konnotationen notiert werden, die das Spezifische jedes Wortes festhalten.

Beispiele:

marschieren	→ schnell, militärisch
stolzieren	→ eingebildet, erhobenen Hauptes
schlendern	→ langsam, entspannt
watscheln	→ wie eine Ente, wackelnd

Anschlussaufgabe
- Umarbeiten von Texten
- gezielte Gestaltung erzählender Texte mithilfe der Listen

66 Klopfwörter

Die S. werden durch spielerisch gesetzte sprachliche Eckpunkte zur Gestaltung eines erzählenden Textes angeregt.
Sie geben sich wechselseitig Stichwörter vor und nutzen diese für eine kreative Gedankenentwicklung.

* Gruppen-, Einzelarbeit
* ab Jahrgangsstufe 2

Literatur

ABRAHAM, ULF/KUPFER-SCHREINER, CLAUDIA (Hrsg.): Schreibaufgaben. Berlin 2007

BRENNER, GERD: Kreatives Schreiben. Frankfurt/M. 1990, S. 48 ff.

METZGER, KLAUS (Hrsg.): Gute Aufgaben Deutsch. Berlin 2008

Standardbezug

Kompetenzbereich 3.2: Texte verfassen

Vorbereitungen und Ablauf

Die S. setzen sich in Gruppen von max. zehn Personen zusammen. Jeder legt ein Blatt Papier und einen Stift bereit. Alle Gruppenmitglieder – bis auf einen Klopfer – schließen zunächst die Augen und lassen zu, dass ihnen Gedanken durch den Kopf gehen. Nach einiger Zeit (z. B. 30 Sekunden) klopft der Klopfer auf den Tisch. Alle halten das „innere Bild" fest, das sie beim Klopfen gerade vor Augen haben, öffnen die Augen und benennen das „innere Bild" nacheinander mit einem einzigen Wort. Der Klopfer schreibt die genannten Wörter mit. Anschließend ist der nächste S. der Klopfer und das Verfahren beginnt von vorne. Am Ende hat jeder in der Gruppe – je nach Gruppengröße – bis zu zehn Wörter auf seinem Blatt stehen. Die Aufgabe besteht dann darin, innerhalb einer vereinbarten Zeit (z. B. 30 Min.) einen kurzen erzählenden Text zu schreiben, in dem alle Wörter vorkommen, die sich auf dem Blatt befinden.

Varianten:
Zeitungs-Tippwörter: Einem S. werden die Augen verbunden oder zugehalten. Dann wird ihm eine Zeitungsseite vorgelegt, und er tippt mit einem Stift nacheinander auf fünf bis sieben Wörter. Diese werden für alle sichtbar notiert. Jeder soll nun innerhalb von 20 bis 30 Minuten eine Geschichte schreiben, in der diese Wörter vorkommen.

Patchwork-Text: Vorgegeben werden kleine Schnipsel aus anderen Texten (z.B. Zeitungstexten), um die herum eine kurze Erzählung kreativ entwickelt werden soll.

Didaktische Hinweise

Das Klopfwörter-Verfahren, von Görnert-Stuckmann auch Patchwork-Geschichte genannt, legt den automatisierten Denkbewegungen des Alltags Stolpersteine in den Weg. Ein routinehaftes Wahrnehmen und Reproduzieren von Abläufen wird dadurch gestört, dass ungewöhnliche Kombinationen von Einzelwort-Aussagen zu einem Ganzen verbunden werden müssen. Als entautomatisierendes Verfahren helfen Klopfwörter, das Ideen- und Gestaltungspotenzial der Schreibenden auszuweiten. Beim kreativen Schreiben ist das Verfahren besonders für Einstiegssituationen geeignet; denn es bewahrt S. davor, lange grübelnd vor einem leeren Blatt zu sitzen. Mit spielerischer Dynamik und zunächst ohne hochgeschraubte literarische Erwartungen begeben sich die S. in einen Schreibprozess.

Anschlussaufgabe

* Vorlesen der entstandenen Texte, wobei die S. jeweils im Anschluss die interessanteste Idee benennen können, die der/die Mits. entwickelt hat
* Präsentation der Texte in einem Galeriegang (S.66f.)
* Überarbeitung der Texte in einer → Schreibkonferenz (S.128ff.)

67 Schreiben zu Bildern

Die S. lassen sich von Kunstwerken zu kreativen Texten anregen.
Sie deuten dabei die Bildaussagen, lassen Kunstwerke zu „inneren Bildern" werden und fassen ihre persönlichen Wahrnehmungen in Worte.
* Gruppen-, Einzelarbeit
* Bilder
* ab Jahrgangsstufe 1

Literatur

ABRAHAM, ULF/KUPFER-SCHREINER, CLAUDIA (Hrsg.): Schreibaufgaben. Berlin 2007
BECKER-MROTZEK, MICHAEL/BÖTTCHER, INGRID: Schreibkompetenz entwickeln und beurteilen. Berlin 2006, S.150ff.

Standardbezug
Kompetenzbereich 3.2: Texte verfassen

Vorbereitungen und Ablauf
Die Lehrperson wählt – evtl. in Zusammenarbeit mit einer Fachkraft für Kunsterziehung – Bilder und dazu passende Schreibverfahren aus (s. u.). Die folgende Reihenfolge von Schreibaktivitäten ist vorstellbar (vgl. Becker-Mrotzek und Böttcher 2006, S. 150 ff.):

- Die S. werfen zunächst einen „verlangsamten Blick" auf das Kunstwerk. Sie intensivieren das bewusste Sehen durch Wahrnehmungs- und Assoziationsmethoden wie → Cluster (S. 47 ff.) und führen in kleinen Gruppen ein offenes Gespräch über ihre „inneren Bilder".
- Die S. reagieren individuell mit Verfahren des kreativen Schreibens wie → Klopfwörter (S. 121 f.) oder → Innerem Monolog (S. 111 f.).
- Dann lesen die S. sich ihre Texte vor, und die Zuhörer lassen währenddessen das Kunstwerk noch einmal möglichst intensiv auf sich wirken. Dabei ergänzen sich verschiedene Sichtweisen.

Didaktische Hinweise
Schreiben zu Bildern kann z. B. in einem Museum stattfinden, aber auch im Klassenraum bei Bildpräsentationen (z. B. per Tageslichtprojektor, Beamer) oder in Auseinandersetzung mit einem Kunstwerk, das in einem Lehrwerk abgebildet ist. In der Museumspädagogik wird das kreative Schreiben seit Jahren eingesetzt. Als kunstpädagogisches Verfahren betont das Schreiben zu Bildern den dialogischen Prozess zwischen Bild und Betrachter und bringt damit das wahrnehmende Subjekt besonders stark ins Spiel. In der Bildbetrachtung werden durch kreative Vorgaben Spielräume für individuelle Wahrnehmungen und Erfahrungen eröffnet. Auch im Deutschunterricht wurden im Rahmen traditioneller Bildbetrachtungen oft Bilder beschrieben oder geschildert.

Außer zu Gemälden (Gemäldereproduktionen) können kreative Texte auch zu Skulpturen, Kunstfotos oder sonstigen Kunstwerken, aber auch zu privaten Fotos geschrieben werden. Zu einer ganzen Reihe von Bildern sind bestimmte, an die Bildaussage angepasste Arbeitsaufträge denkbar. Einige Vorschläge:

Milan Kunc: Unter der Weide (1985)
Das Bild zeigt ein in Naturgegenstände integriertes menschliches Gesicht mit geschlossenen Augen. Arbeitsaufträge:
- Schreibe, was die Person träumt.

- Wähle ein Foto von deinem eigenen Gesicht aus, kopiere es in vergrößerter Form und füge es durch Übermalen in eine Landschaft ein. (Du kannst auch einen Ausschnitt aus deinem Gesicht in ein Landschaftsfoto einkleben.)
- Schreibe nun einen kurzen Traumtext zu deinem eigenen Kunstwerk.

Salvadore Dali: Die Beständigkeit der Erinnerung oder Die zerrinnende Zeit (1931) Das Bild zeigt in einer Restlandschaft surrealistisch verzerrte Gegenstände (u. a. einige Uhren). Arbeitsaufträge:
- Setz dich ruhig irgendwo hin. Stell dir vor, dass du den Bildraum betrittst, in diesem Raum herumgehst und alles intensiv betrachtest.
- Setz dich in Gedanken an einer Stelle des Bildraumes hin und lass die Umgebung auf dich wirken. Was siehst du von dieser Stelle aus?
- Schreibe deine Gedanken auf.

Anschlussaufgabe
- Ausstellung der Bild-Text-Kombinationen in der Schule
- Galeriegang (S. 66 f.) in der Klasse
- Präsentation von Arbeitsergebnissen auf der Homepage der Schule

68 Textanwalt/Lektor

Die S. organisieren eine Textkritik verfasserschonend.
Sie setzen ihre Texte der Kritik der Mits. aus, ohne unter Rechtfertigungsdruck zu geraten.
- Gruppenarbeit
- ab Jahrgangsstufe 2

Literatur
BRENNER, GERD: Kreatives Schreiben. Frankfurt/M. 1990, S. 165 ff.

Standardbezug
Gespräche führen
- sich an Gesprächen beteiligen
- Anliegen und Konflikte gemeinsam mit anderen diskutieren und klären

zu anderen sprechen
- an der gesprochenen Standardsprache orientiert und artikuliert sprechen
- Wirkungen der Redeweise kennen und beachten
- funktionsangemessen sprechen: erzählen, informieren, argumentieren, appellieren
- Sprechbeiträge und Gespräche situationsangemessen planen

verstehend zuhören
- Inhalte zuhörend verstehen
- gezielt nachfragen
- Verstehen und Nicht-Verstehen zum Ausdruck bringen

Vorbereitungen und Ablauf

Nach dem Vortrag eines eigenen Textes im Plenum oder in einer Gruppe übernimmt ein Mits. diesen Text „anwaltlich". Er stellt sich mit dem Text der Kritik der Gruppe bzw. des Plenums, begründet Gestaltungsentscheidungen des Verfassers/der Verfasserin und bewertet Änderungsvorschläge. Es können evtl. auch zwei „Anwälte" im Team für einen Text tätig werden. Alternativen können sein:

Lektor: Bei diesem schriftlichen Verfahren wird die Tätigkeit eines Lektors in einem Verlag nachgeahmt. In einer Gruppe werden die verfassten Texte ausgetauscht. Ein Lektor/eine Lektorin schreibt dann ein kurzes „Gutachten" unter den Text und macht am Rand Verbesserungsvorschläge. Werden Gutachten und Verbesserungsideen auf einem gesonderten Blatt notiert, kann ein weiterer Lektor tätig werden.

Streitgespräch: Ein Kritiker übt in einer mündlichen „Verhandlung" Kritik an einem Text, woraufhin ein Verteidiger die Entscheidungen des Autors/der Autorin rechtfertigt. Am Ende formuliert ein Richter sein Urteil.

Didaktische Hinweise

Das Verfahren macht es möglich, dass der Verfasser/die Verfasserin den eigenen Text nicht selbst rechtfertigen muss; vielmehr kann man sich darauf konzentrieren, die Argumentationen sowohl der „Verteidiger"/„Anwälte" als auch die der Kritiker zur Kenntnis zu nehmen und sich Notizen zu machen, die bei einer Überarbeitung des Textes hilfreich sein können.

Anschlussaufgabe

- Textüberarbeitung

69 Proben/Textlupe

S. verbessern Texte.

Sie bekommen Verfahren an die Hand, mit denen sie sich im Prozess des Schreibens kontrollieren können. In → Schreibkonferenzen (S. 128 ff.) oder anderen Organisationsformen der Textrevision können sie sich mithilfe von Proben wechselseitig unterstützen.

- Einzel-, Partner-, Gruppenarbeit
- Textlupen-Blätter mit entsprechender Seitenaufteilung (s. u.)
- ab Jahrgangsstufe 1

Literatur

BÖTTCHER, INGRID/BECKER-MROTZEK, MICHAEL: Texte bearbeiten, bewerten und benoten. Berlin 2003

SPITTA, GUDRUN: Schreibkonferenzen in Klasse 3 und 4. Berlin 1992

Standardbezug

Texte überarbeiten

- Texte an der Schreibaufgabe überprüfen
- Texte auf Verständlichkeit und Wirkung überprüfen
- Texte in Bezug auf die äußere und sprachliche Gestaltung und auf die sprachliche Richtigkeit hin optimieren
- Texte für die Veröffentlichung aufbereiten und dabei auch die Schrift gestalten

Vorbereitungen und Ablauf

Die S. machen sich vorweg mit den verschiedenen Probenarten vertraut:

- Weglassprobe (Werden Aussagen durch das Streichen überflüssiger Wörter aussagekräftiger?)
- Erweiterungsprobe (Werden Aussagen durch Hinzufügen von Adjektiven, adverbialen Bestimmungen etc. anschaulicher?)
- Ersatzprobe (Kann man ein Wort durch ein aussagekräftigeres oder präziseres ersetzen?)
- Umstellprobe (Kann man Aussagen/Sätze umstellen, um eine logischere oder interessantere Gesamtaussage zu erhalten?)

Die S. erhalten die Aufgabe, in einer Schreibkonferenz oder auf andere Weise Texte zu überarbeiten. Dabei können sie sich zunächst alternative Formulierungsmöglichkeiten vorsprechen, um die Wirkung im Satzzusammenhang zu überprüfen. Das laute Formulieren erlaubt oft Verbesserungen, ohne dass die S. ihre Revisionen grammatisch, stilistisch oder auf andere Weise zunächst genau begründen müssen. Die Verbesserungen werden anschließend schriftlich fixiert (s. u.).

Didaktische Hinweise

Proben folgen dem Motto „writing is rewriting". Sie präzisieren und intensivieren das Korrekturverhalten der S. Oft haben diese zwar intuitiv den Eindruck, dass in eigenen Texten oder in Texten von Mits. etwas verbessert werden müsste, sie können ihren ersten Eindruck jedoch nicht präzisieren und konkret an sprachlichen oder an textstrukturellen Merkmalen festmachen. Proben fokussieren das Korrigieren auf bestimmte Operationen, sodass sinnvolle Änderungsvorschläge möglich werden.

Fix (s. u.) schlägt vor, Proben systematisch bei schriftlichen Kurzrevisionen von Texten zu verwenden. Dazu soll ein Text von vornherein nur auf die rechte Hälfte eines Blattes geschrieben (bzw. als Textdatei so gestaltet) werden. In der rechten Hälfte des Blattes steht zunächst, welche Anmerkungen möglich sind; es folgen dann Kurzhinweise zu einzelnen Textstellen oder Abschnitten.

Beispiele:

Name der Korrigierenden (evtl. in verschiedenen Farben):	**Notizen:**
 _____ _____ _____	+ = gut gelungen U = Umstellen W = Weglassen E = Ergänzen/Erweitern A = Austausch/Ersetzen

Text	+ = gute Überleitung
	W = eigentlich
	E = Adjektiv wie „hager",
	    „ausgemergelt"
	U = Gesamteindruck als Erstes
	A = „herunter" statt „runter"
	E = logisches Verknüpfungswort
	    wie „folglich"
	+ = genaue Beschreibung

Diese Seitenaufteilung mit Kopfleiste kann den S. auf kopierten Blättern vorgegeben werden.

Anschlussaufgabe
- Komplette Neufassung eines Textes
- Neufassung einzelner Sätze

7○ Schreibkonferenz

Die S. verbessern durch Feedback (teil)autonom eigene Texte.
Sie erfahren in Gruppen, wie ihre Texte von anderen S. wahrgenommen werden. Die S. vergleichen ihre Schreibintentionen mit der realen Wirkung ihrer Texte. Nach dem Modell der Redaktionskonferenzen von Zeitungen wechseln sie laufend zwischen Autoren- und Leserrolle und teilen sich Intentionen und Wirkungen ihres Schreibens mit. Die Außenperspektive hilft dabei, die Selbstwahrnehmung beim Schreiben zu verbessern.
- Gruppenarbeit
- Sammlung von Checklisten und sonstigen Hilfsmitteln (s.u.)
- ab Jahrgangsstufe 2

Literatur
BECKER-MROTZEK, MICHAEL: Schreibkonferenzen in der Grundschule. In: Bräuer, Gerd (Hrsg.): Schreiben(d) lernen. Hamburg 2004, S. 105–119
FIX, MARTIN: Textrevisionen in der Schule. Baltmannsweiler 2000
SPITTA, GUDRUN: Schreibkonferenzen in Klasse 3 und 4. Berlin 1992

Standardbezug
zu anderen sprechen
- funktionsangemessen sprechen: erzählen, informieren, argumentieren, appellieren
verstehend zuhören
- Inhalte zuhörend verstehen
- gezielt nachfragen
- Verstehen und Nicht-Verstehen zum Ausdruck bringen
Texte überarbeiten
- Texte an der Schreibaufgabe überprüfen
- Texte auf Verständlichkeit und Wirkung überprüfen
- Texte in Bezug auf die äußere und sprachliche Gestaltung und auf die sprachliche Richtigkeit hin optimieren
- Texte für die Veröffentlichung aufbereiten und dabei auch die Schrift gestalten

Vorbereitungen und Ablauf

Besonders im Hinblick auf Ausdrucksmängel werden die S. mit verschiedenen Proben-Verfahren (Ersatzprobe, Umstellprobe, Erweiterungsprobe, Weglassprobe; vgl. → Proben/Textlupe, S. 126 ff.), entsprechenden Checklisten und Hilfsmitteln (s. u.) vertraut gemacht, um in Schreibkonferenzen Alternativen entwickeln zu können.

Die S. setzen sich zu dritt oder viert zusammen und besorgen sich Arbeitsmittel wie farbige Marker, ein Rechtschreibwörterbuch, eine Grammatik, eine Sammlung von Zeichensetzungsregeln und evtl. ein Stilwörterbuch. Jeder bringt einen Text ein, der überarbeitet werden soll. Damit wird folgendermaßen verfahren:

- Ein S. präsentiert seinen Text. Er erklärt zunächst sein Schreibziel und den gedachten Adressaten des Textes, in den sich die anderen S. hineinversetzen sollen. Dann trägt der S. seinen Text vor. Die anderen hören zu und sagen dann kurz, wie der Text bei ihnen angekommen ist.
- Der S. liest den Text Satz für Satz erneut vor, während die anderen mithilfe von Checklisten oder sonstiger Hilfsmittel Tipps geben.
- Der Verfasser/die Verfasserin des Textes notiert Überarbeitungsvorschläge laufend am Rand des Manuskripts oder in Leerzeilen und entscheidet später, was übernommen werden soll. Bei ungeklärten Sachverhalten werden Rückfragen an die Lehrperson gerichtet.
- Nach dem gemeinsamen Durcharbeiten schreibt jeder einen revidierten Text, in den die Verbesserungsvorschläge eingearbeitet werden.
- Die überarbeiteten Texte werden in der Gruppe noch einmal vorgelesen.

Didaktische Hinweise

Die Überarbeitung von Texten (Textrevision) war in der schreibdidaktischen Literatur lange Zeit ein Randthema. In der Praxis kommt die Textrevision in vielen Fällen immer noch zu kurz, da Auseinandersetzungen mit Textgestaltungen der S. im Klassenplenum langwierig und ermüdend sein können. Ein Grund ist, dass sich sprachliche und textstrukturelle Fehlleistungen einzelner S. oft nicht generalisieren lassen, sodass sie im Klassenplenum nicht von allgemeinem Interesse sind. Zudem können immer nur Mängel einzelner Texte besprochen werden, während die übrigen unbearbeitet bleiben. Die zunächst in der Grundschule entwickelte Schreibkonferenz (SPITTA 1992, BECKER-MROTZEK 2004) stellt ein Verfahren dar, mit dem S. sich wechselseitig so beraten können, dass die Texte aller S. bedacht werden. Allerdings hat das Verfahren auch seine Grenzen. So weist FIX darauf hin, dass die Kommunikation der S. in Schreibkonferenzen normorientiert ist, dass stärker normierte Texte wie Inhaltsangaben eher angemessen reflektiert und verbessert werden können als kreative Gestaltungen; bei deren Bewertung und Revision zeigen sich S. oft überfordert. Außerdem überwiegt die Wahrnehmung eher punktueller Fehlleistungen (Rechtschreibung, Wortwiederholungen etc.), während komplexere Textgestaltungsleistungen eher weniger beurteilt werden können. Hinzu kommt, dass das Verfahren der Schreibkonferenz sehr zeitaufwändig ist.

Alternatives Vorgehen: Die Texte gehen reihum, bis sie von allen gelesen worden sind. Während des Lesens streicht jeder mit seinem Farbmarker Wörter, Formulierungen oder ganze Sätze an, über die er später mit den anderen sprechen möchte. Die Kleingruppe bespricht nach und nach die angestrichenen Wörter und Textteile. In schwierigen Fällen können die bereitliegenden Hilfsmittel hinzugezogen werden. Auch die Lehrperson kann angesprochen werden. Das schriftliche Verfahren hat den Vorteil, dass auch Verbesserungen von Rechtschreibung und Zeichensetzung möglich sind.

Hinweis: Ist eine Schreibkonferenz geplant, können die S. Texte, die dort bearbeitet werden sollen, gleich mit einem breiten Rand versehen, damit genügend Raum für Notizen bleibt.

Anschlussaufgabe

• Anlegen und laufende Ergänzungen einer persönlichen Fehlerkartei
• Neufassungen von Texten

Rechtschreibung und Semantik

71 Laufdiktat

Die S. konzentrieren sich über eine räumlich-zeitliche Distanz auf einen Satz/ein Wort.
Das Verfahren nutzt Bewegungsmöglichkeiten, um die Merkfähigkeit der S. zu trainieren. Zwischen Textaufnahme und Niederschrift wird eine räumliche und zeitliche Distanz gelegt, die von den S. mit gesteigerter Konzentration überbrückt werden muss.
- Einzel- u. Partnerarbeit
- Textaushänge
- ab Jahrgangsstufe 1

Literatur

PARADIES, LIANE/LINSER, HANS JÜRGEN: Üben, Wiederholen, Festigen. Berlin 2003, S. 188 f.
SOMMER-STUMPENHORST, NORBERT/HÖTZEL, MARTINA: Richtig schreiben von Anfang an. Berlin 2007
SPIEGEL, UTE: Richtig schreiben. Berlin 2006

Standardbezug
richtig schreiben
- geübte, rechtschreibwichtige Wörter normgerecht schreiben
- Rechtschreibstrategien verwenden: Mitsprechen, Ableiten, Einprägen
- über Fehlersensibilität und Rechtschreibgespür verfügen
- Rechtschreibhilfen verwenden
- Arbeitstechniken nutzen
- Übungsformen selbstständig nutzen

Vorbereitungen und Ablauf
Nachdem der aufzuschreibende Text verlesen worden ist, werden mehrere Kopien davon an der Tafel und anderswo im Raum aufgehängt. Die S. steuern mehrfach hintereinander den von ihrem Sitzplatz aus entferntesten Aushang des Textes an.
Die Aufgaben lauten:

- Präge dir den ersten Satz oder – wenn du mehr behalten kannst – die ersten Sätze ein.
- Laufe zum Platz zurück. Dabei kannst du den Text leise vor dich hin murmeln.
- Schreibe am Platz alles sofort wortwörtlich auf.
- Wenn du etwas vergessen hast, kannst du noch einmal zurücklaufen und den Satz/die Sätze noch einmal durchlesen.
- Verfahre mit den folgenden Sätzen ebenso.
- Dein Nachbar kann deinen Text mithilfe einer Textkopie korrigieren.

Didaktische Hinweise

Das Verfahren wird insbesondere im muttersprachlichen Unterricht (zum Training der Rechtschreibung) und im Fremdsprachenunterricht genutzt, kann aber auch in anderen Fächern sinnvoll eingesetzt werden, wenn die Konzentration der S. nachlässt. Die Möglichkeit, sich im Raum zu bewegen, verbindet sich dabei mit der Notwendigkeit, einzelne Aussagen (Sätze) zu memorieren.

Anschlussaufgabe

- Tafelkim (S. merken sich drei bis fünf schwer zu schreibende Wörter, die an die Tafel geschrieben worden sind; Tafel wird zugeklappt, und jeder schreibt die Wörter aus dem Gedächtnis ins Heft; Korrektur nach Wiederaufklappen der Tafel)
- Eintragung falsch geschriebener Wörter in die persönliche Fehlerkartei

72 Lawinendiktat (Progressive dictation)

Die S. trainieren den Wechsel von Schreiben und Textrevision.
In einem mehrfachen Wechsel kurzer Schreib- und Textrevisionsphasen festigen die S. in einem gruppendynamischen Verfahren ihre orthografischen Kenntnisse.

- Einzelarbeit
- ab Jahrgangsstufe 1

Literatur

CHRISTIANI, REINHOLD/METZGER, KLAUS (Hrsg.): Grundschul-Fundgrube für Vertretungsstunden. Berlin 2004

METZGER, KLAUS (Hrsg.): Gute Aufgaben Deutsch. Berlin 2008
SPIEGEL, UTE: Richtig schreiben. Berlin 2006

Standardbezug
richtig schreiben
* geübte, rechtschreibwichtige Wörter normgerecht schreiben
* Rechtschreibstrategien verwenden: Mitsprechen, Ableiten, Einprägen
* über Fehlersensibilität und Rechtschreibgespür verfügen
* Rechtschreibhilfen verwenden
* Arbeitstechniken nutzen
* Übungsformen selbstständig nutzen

Vorbereitungen und Ablauf
Alle S. der Klasse erhalten – der Sitzordnung folgend – fortlaufende Nummern. Jeder S. hat einen Bogen Papier vor sich. Dann wird so vorgegangen:
* Jeder schreibt zunächst ein bis zwei von der Lehrperson diktierte Sätze.
* Nach einer kurzen orthografischen Prüfung werden die Blätter an die S. mit der nächsthöheren Nummer weitergegeben.
* Jeder prüft die erhaltenen Sätze und korrigiert sie evtl. mit einem andersfarbigen Stift.
* Dann diktiert die Lehrperson zwei weitere Sätze.
* Auch diese werden wieder kurz auf richtige Orthografie hin überprüft und anschließend weitergegeben.
* Der nun schon etwas umfangreichere Gesamttext wird erneut kontrolliert; Fehler werden korrigiert.
Das Verfahren wird fortgesetzt, bis jeder Bogen Papier fünf oder mehr Stationen durchlaufen hat. Am Ende gehen die Texte wieder an ihre erste Station zurück und jeder schaut sich insbesondere die falsch geschriebenen und korrigierten Wörter noch einmal gründlich an.

Didaktische Hinweise
Das Verfahren hält die S. dazu an, Geschriebenes in kürzeren Abständen auf orthografische Korrektheit hin zu überprüfen. Da der diktierte Text im Fortgang der Übung schon mehrfach – evtl. in verschiedenen Schreibungen – zur Kenntnis genommen worden ist, verstärkt sich zunehmend die Kompetenz der Textrevision. Zugleich werden den S. die Fallen deutlich, die in bestimmten Wörtern lauern.

Anschlussaufgabe
* Gesamtdiktat des gleichen Textes

73 Wortstamm

Die S. trainieren die Rechtschreibung mithilfe von Wortstämmen.
Sie differenzieren dabei ähnliche Stämme und erkennen die Zuordnungslogik.
- Einzel-, Partnerarbeit
- ab Jahrgangsstufe 1

Literatur

BARTNITZKY, HORST: Sprachunterricht heute. Berlin 2006
CHRISTIANI, REINHOLD/METZGER, KLAUS (Hrsg.): Grundschul-Fundgrube für Vertretungsstunden. Berlin 2004
SPIEGEL, UTE: Richtig schreiben. Berlin 2006

Standardbezug

richtig schreiben
- geübte, rechtschreibwichtige Wörter normgerecht schreiben
- Rechtschreibstrategien verwenden: Mitsprechen, Ableiten, Einprägen
- über Fehlersensibilität und Rechtschreibgespür verfügen
- Rechtschreibhilfen verwenden
- Arbeitstechniken nutzen
- Übungsformen selbstständig nutzen

an Wörtern, Sätzen, Texten arbeiten
- Wörter strukturieren und Möglichkeiten der Wortbildung kennen
- Wörter sammeln und ordnen

Vorbereitungen und Ablauf

Die S. erhalten den Auftrag, zu zwei ähnlichen Wortstämmen zwei Bäume mit vielen übereinanderliegenden Ästen zu zeichnen. In den Stamm eines Baumes wird jeweils der Wortstamm, auf die Äste werden möglichst viele Wörter geschrieben, die von diesem Wortstamm abgeleitet sind. Zwei Beispiele:

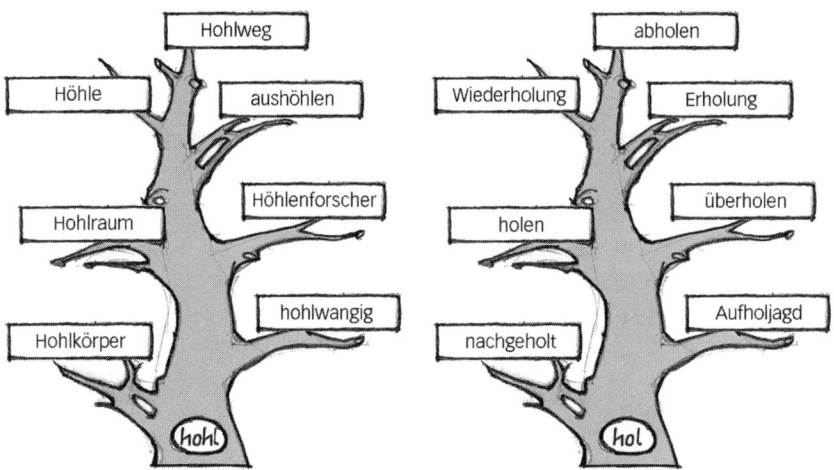

Didaktische Hinweise

Weitere Wortstämme können z.B. zu den Paaren „mahl/mal", „Waren/(be) wahren" oder „Sohn/(Per)son" erarbeitet werden. Die S. werden darauf hingewiesen, dass Ableitungen von den Wortstämmen öfter einen Umlaut aufweisen (hohl → Höhle).

Anschlussaufgabe

* Diktat mit Wörtern aus den Wortstämmen
* Partnerdiktate (s.u.)

74 Partnerdiktat

Die S. trainieren die Rechtschreibung in einem intensiven Kooperationsprozess.
Als Diktierende und Schreibende sind sie mehrfach mit der Schreibung von Wörtern befasst.

* Partnerarbeit
* Diktattext
* ab Jahrgangsstufe 1

Literatur

FENSKE, UTE u. a. (Hrsg.): Deutschbuch 5/6. Ideen für den Unterricht. Berlin 2002, S. 202 f.

BARTNITZKY, HORST: Sprachunterricht heute. Berlin 2006

SPIEGEL, UTE: Richtig schreiben. Berlin 2006

Standardbezug

richtig schreiben

- geübte, rechtschreibwichtige Wörter normgerecht schreiben
- Rechtschreibstrategien verwenden: Mitsprechen, Ableiten, Einprägen
- über Fehlersensibilität und Rechtschreibgespür verfügen
- Rechtschreibhilfen verwenden
- Arbeitstechniken nutzen
- Übungsformen selbstständig nutzen

Vorbereitungen und Ablauf

Die S. erhalten von der Lehrperson einen Diktattext, in dem evtl. zu übendes Wortmaterial gehäuft vorkommt. Der folgende Ablauf ist sinnvoll:

- Die beiden S. lesen zusammen einen Text durch, den sie sich anschließend wechselseitig diktieren sollen.
- Sie suchen in dem Text Wörter, die ihnen in einem Diktat möglicherweise Probleme bereiten könnten, und schauen sich diese genau an.
- Sie diktieren sich den Text abwechselnd.
- Treten während des Diktierens Unsicherheiten auf, helfen sich die Partner und erklären sich Schreibungen von Wörtern.
- Schließlich kontrolliert jeder seinen eigenen Text anhand der Vorlage und dann noch einmal den Text des Partners.

Didaktische Hinweise

In der neueren Schreibdidaktik werden herkömmliche Diktate sehr kritisch gesehen. „Das traditionelle Diktat zur Überprüfung der Rechtschreibleistungen sollte aus dem Unterricht verschwinden", heißt es dort (FENSKE u. a. 2002). Das Partnerdiktat wird in der Regel positiver eingeschätzt, da es den S. die Möglichkeit eröffnet, bei auftretenden Schreibschwierigkeiten sofort Hilfe einzuholen.

Anschlussaufgabe

- Diktat als Klassenarbeit

75 Silbensalat (Syllable match)

Die S. intensivieren die Wahrnehmung schwieriger Wörter.
Sie werden veranlasst, einzelne Bestandteile von Wörtern genau zu prüfen und zu entscheiden, wie sie kombiniert werden können. Dabei intensivieren sie die Wahrnehmung und prägen sich die Orthografie der Wörter ein.

* Einzelarbeit
* Arbeitsblatt
* ab Jahrgangsstufe 1

Literatur
BRENNER, GERD (Hrsg.): Fundgrube Deutsch. Neue Ausgabe. Berlin 2006, S. 185
CHRISTIANI, REINHOLD/METZGER, KLAUS (Hrsg.): Grundschul-Fundgrube für Vertretungsstunden. Berlin 2004
METZGER, KLAUS (Hrsg.): Gute Aufgaben Deutsch. Berlin 2008

Standardbezug
richtig schreiben
* geübte, rechtschreibwichtige Wörter normgerecht schreiben
* Rechtschreibstrategien verwenden: Mitsprechen, Ableiten, Einprägen
* über Fehlersensibilität und Rechtschreibgespür verfügen
* Rechtschreibhilfen verwenden
* Arbeitstechniken nutzen
* Übungsformen selbstständig nutzen
an Wörtern, Sätzen, Texten arbeiten
* Wörter strukturieren und Möglichkeiten der Wortbildung kennen
* Wörter sammeln und ordnen

Vorbereitungen und Ablauf
Wörter aus einem zu übenden Bereich der Rechtschreibung werden in Silben aufgelöst. Mit dem „Silbensalat" kann auf verschiedene Weise verfahren werden:
a) Bei zweisilbigen Wörtern werden die jeweils ersten und zweiten Silben in zwei Spalten gebracht und anschließend innerhalb der Spalte gemischt. Mögliche Aufgabenstellung in diesem Fall: „Ordne die passenden Silben aus der ersten und der zweiten Spalte einander zu und schreibe die Wörter in dein Heft."

b) Bei Wörtern mit einer unterschiedlichen Anzahl von Silben werden die
Silben aller Wörter gemischt und nacheinander aufgeführt. Mögliche Aufgabenstellung: „Setze die Silben zu x Wörtern zusammen und schreibe sie
auf."

Didaktische Hinweise
Um den S. eine Entscheidungshilfe zu geben, sollte bei Version b die Anzahl
der Zielwörter angegeben werden. Einige S. können am PC für ihre Mits.
Übungsblätter zur Version a und – mithilfe der Tabellenfunktion – Übungen
zur Version b selbst herstellen. Damit wird der Übungseffekt weiter gesteigert. Die Lehrperson kann evtl. Wortmaterial für solche Übungen vorgeben.
Das handlungsorientierte Dekonstruktions- und Rekonstruktionsverfahren
wälzt Wörter mehrfach um und sorgt für einen besonderen Übungseffekt.

Anschlussaufgabe
* Partnerdiktat mit ähnlichem Wortmaterial
* Diktat (Text mit den geübten Wörtern)

76 Falsche Serie/Kuckuckseier (Odd man out)

Die S. rekapitulieren beim Vorlesen die Schreibung von Wörtern.
Sie führen sich die Orthografie vor Augen und vergegenwärtigen sich unterschiedliche Schreibungen ein und desselben Lautes.
* Klassenplenum oder Einzelarbeit
* ab Jahrgangsstufe 1

Literatur
BRENNER, GERD (Hrsg.): Fundgrube Deutsch. Neue Ausgabe. Berlin 2006,
S. 199
CHRISTIANI, REINHOLD/METZGER, KLAUS (Hrsg.): Grundschul-Fundgrube für
Vertretungsstunden. Berlin 2004

Standardbezug
richtig schreiben
* geübte, rechtschreibwichtige Wörter normgerecht schreiben
* Rechtschreibstrategien verwenden: Mitsprechen, Ableiten, Einprägen

- über Fehlersensibilität und Rechtschreibgespür verfügen
- Rechtschreibhilfen verwenden
- Arbeitstechniken nutzen
- Übungsformen selbstständig nutzen

an Wörtern, Sätzen, Texten arbeiten
- Wörter strukturieren und Möglichkeiten der Wortbildung kennen
- Wörter sammeln und ordnen

Vorbereitungen und Ablauf

Den S. wird eine Serie von vier Wörtern vorgelesen, die ein und dasselbe Rechtschreibphänomen aufweisen, z. B. den langen Vokal „a" mit der Schreibung „ah". Ein Wort passt jedoch nicht in diese Reihe. Beispiele:
- Saat, Haar, Qual, Paar (unpassend: Qual)
- Schnee, Fee, Leber, See (unpassend: Leber)
- Klee, Idee, Zeh, Gelee (unpassend: Zeh)

Das unpassende Wort soll möglichst rasch genannt werden.

Didaktische Hinweise

Zu diesem Verfahren gibt es einige Varianten:

Variante I: Die S. bekommen eine Serie von drei Wörtern vorgelesen, die alle das gleiche Rechtschreibphänomen aufweisen. Anschließend wird ihnen eine zweite Serie von drei Wörtern vorgelesen, von denen nur eines in die erste Serie passt.

Variante II: Den S. werden bis zu zehn Serien dieser Art präsentiert, sie schreiben die Lösungen in Einzelarbeit nacheinander auf ein Blatt und tauschen dieses Blatt dann mit dem Nachbarn. Die Lehrperson liest die richtigen Lösungen vor. Der Nachbar stellt fest, wie viele Lösungen richtig waren.

Viel Übungsmaterial, das das Verfahren nutzt, findet sich in der Lernsoftware „Deutschbuch interaktiv" (Cornelsen Verlag).

Anschlussaufgabe
- Diktat (als Klassenarbeit)

77 Teekesselchen (Homonyms)

Die S. erkunden die Doppel- oder Mehrfachbedeutungen von Homonymen.
Sie beschreiben Sachverhalte möglichst vage; andere finden Doppelbegriffe
aufgrund dieser Andeutungen.
* Klassenplenum
* Listen mit Homonymen
* ab Jahrgangsstufe 1

Literatur
BARTNITZKY, HORST: Grammatikunterricht in der Grundschule. Berlin 2005
CHRISTIANI, REINHOLD/METZGER, KLAUS (Hrsg.): Grundschul-Fundgrube für
    Vertretungsstunden. Berlin 2004
ORSENNA, ERIK: Die Grammatik ist ein sanftes Lied. München und Wien
    2004

Standardbezug
richtig schreiben
* geübte, rechtschreibwichtige Wörter normgerecht schreiben
* Rechtschreibstrategien verwenden: Mitsprechen, Ableiten, Einprägen
* über Fehlersensibilität und Rechtschreibgespür verfügen
* Rechtschreibhilfen verwenden
* Arbeitstechniken nutzen
* Übungsformen selbstständig nutzen
an Wörtern, Sätzen, Texten arbeiten
* Wörter strukturieren und Möglichkeiten der Wortbildung kennen
* Wörter sammeln und ordnen

Vorbereitungen und Ablauf
Die Lehrkraft hält Listen mit Homonymen (und Polysemen) bereit, um S., die
keine Beispiele finden, aushelfen zu können.

Oft ist das Verfahren den S. bereits vertraut, da es ein beliebtes Spiel bei
Geburtstagsfeiern und ähnlichen Festen ist. Zwei S. einigen sich auf ein Teekesselchen-Wort und treten vor die Klasse. Einer beginnt, mit einem Satz die
erste Bedeutung des Wortes ganz vage anzugeben. Mit diesem ersten Satz
soll möglichst nur ein unwichtiges Bedeutungselement preisgegeben werden
(Beispiel: „Mein Teekesselchen kommt oft vor"). Der zweite S. verfährt mit
der zweiten Bedeutung des Wortes ebenso. Bereits nach der ersten Runde

können einige im Plenum anfangen, das Wort zu erraten. In der zweiten Runde geben die beiden S. eine ebenfalls randständige Zusatzinformation zu dem Teekesselchen-Wort. In weiteren Runden können die Informationen konkreter werden, bis jemand endlich das Wort errät. Dieser S. darf sich einen zweiten S. aussuchen und zusammen mit ihm eine neue Runde eröffnen.

Didaktische Hinweise

Homonyme (Wörter, die mit anderen gleichlauten) können im Deutschen geschlechtsgleich (die Bank, die Birne, der Stamm, das Schloss, der Nagel, das Glas, das Futter, die Tafel) oder geschlechtsverschieden sein (s. u.). Kombinieren lässt sich das Teekesselchen-Spiel mit einem Auszug aus dem Kinder- und Jugendbuch von Erik Orsenna (s. u.), in dem die Wörter personalisiert auftreten. Es wird u. a. dargestellt, wie alle Substantive einen Exklusivitätsanspruch erheben und nur einmal auf der Welt vorkommen wollen. Da sie eines Tages Doppelgänger entdecken, gehen sie aufs Beschwerdeamt. Dazu heißt es:

„Vor dem Beschwerdeamt hatte sich eine Gruppe von Wörtern versammelt. Jeweils zwei standen sich gegenüber und redeten aufgeregt aufeinander ein. Jedes Wort ist stolz auf seine Einmaligkeit. Umso ärgerlicher wird es, wenn es sein Double trifft, das sich nur durch sein Geschlecht, den Artikel, von ihm unterscheidet. Vor allem die männlichen Wörter sind in ihrer Eitelkeit gekränkt, wenn ihnen ihre weibliche oder sächliche Gestalt begegnet. Der Leiter eines Büros war gezwungen gewesen, auf eine Leiter zu steigen, um Akten vom Schrank zu holen; der Tau hatte eines Morgens bemerkt, dass er seine Tropfen an einem Tau aufgehängt hatte; der Tor war in Gedanken gegen ein Tor gerannt; der Leiter und die Leiter, der Tau und das Tau, der Tor und das Tor und noch viele andere, der Marsch und die Marsch, der Heide und die Heide, der Kiefer und die Kiefer, und auch der See und die See, die ich am Strand getrocknet hatte, – alle standen sie vor dem Beschwerdeamt, um ihrem Double das Geschlecht absprechen zu lassen“ (S. 75 f.).

Die S. können auch darauf hingewiesen werden, dass die deutsche Sprache bei Homonymen gleicher Aussprache in vielen Fällen in der Rechtschreibung das differenzierende Prinzip anwendet. Beispiele sind:

Moor – Mohr	Lid – Lied	Stil – Stiel
Seite – Saite	Leib – Laib	Tor – Thor (Name)
viel – fiel		

Diese Wörter können auch in das Teekesselchen-Spiel einbezogen werden.

Anschlussaufgabe
• Schreiben einer Geschichte mit je zwei oder drei Homonym-Paaren
• Lektüre des Kinderbuches von Orsenna

Konzentration

78 Ausatmen

Die S. machen eine Atemübung zur Entspannung.
Sie beruhigen sich und verbessern so ihre Konzentrationsfähigkeit.
- Einzelarbeit, Plenum
- ab Jahrgangsstufe 1

Literatur
KNEIP, WINFRIED u. a.: Lern-Landkarten. Ganzheitliches Lernen. Mülheim/ Ruhr 1998

Standardbezug
Alle Kompetenzbereiche

Vorbereitungen und Ablauf
Die S. sitzen auf Stühlen, indem sie die Sitzfläche ganz nutzen (also bis an die Rückenlehne heranrücken), beide Füße entspannt auf den Boden stellen und die Hände ebenfalls entspannt auf die Oberschenkel legen. Die Augen können geschlossen sein. Sind die Augen offen, wird während der gesamten Übung ein bestimmter Punkt im Raum fixiert. Die S. atmen mit locker herunterhängenden Schultern mehrere Male durch die Nase ein und aus, und zwar so, dass durch Pressen des Zwerchfells in den Bauchraum die Lunge intensiv mit Luft gefüllt wird.
Beim Einatmen zählen die S. bis drei (drei Sekunden); dann halten sie die Luft bei vier und fünf an (zwei Sekunden), bevor sie beim Ausatmen rückwärts von fünf bis eins zählen (fünf Sekunden). Der Atemtakt kann von der Lehrperson vorgesprochen werden. Zwischen den Atemphasen wird jeweils eine kurze Pause eingelegt.

Didaktische Hinweise
Es sollte darauf geachtet werden, dass die Phase des Ausatmens länger ist als die des Einatmens, da ein umgekehrtes Verhältnis – wie bei Spitzensportlern vor dem Start öfter zu beobachten – nicht zur Entspannung, sondern zur weiteren Aktivierung führt.

Die S. können diese Entspannungsübung bei Bedarf auch individuell einsetzen, z. B. vor oder während einer Klassenarbeit/Klausur, in einer Pause oder auf dem Weg zur Schule.

Anschlussaufgaben
* Geistig fordernde Unterrichtsphasen

79 Sitz-Starter

Die S. bewegen sich intensiv in sitzender Haltung.
Mit gezielten und kurzzeitigen Bewegungen im Sitzen bauen S. ihre Ablenkungsimpulse ab und setzen Ressourcen frei für weitere Lernprozesse. Sie aktivieren den Kreislauf, verschaffen dem Körper neuen Sauerstoff, bauen neue Energien auf, stimulieren damit das Gehirn und fördern die Lernmotivation.
* Plenum
* ab Jahrgangsstufe 1

Literatur
OPPOLZER, URSULA: Bewegte Schüler lernen leichter. Ein Bewegungskonzept für die Primarstufe, Sekundarstufe I und II. Dortmund 2004
KROWATSCHEK, DIETER: Entspannung für Jugendliche. 2. Aufl., Dortmund 2000
HANNAFORD, CLARA: Bewegung – das Tor zum Lernen. 4. Aufl., Kirchzarten b. Freiburg 2001

Standardbezug
Alle Kompetenzbereiche

Vorbereitungen und Ablauf
Bewegungsübungen im Sitzen können spontan ohne Vorbereitungen begonnen werden. Folgende Übungen können z. T. mehrfach nacheinander absolviert werden:
Händereiben: Alle S. reiben die Handflächen, bis sie warm werden. Die Wärme wird dann durch Berührung auf die Augenlider und das übrige Gesicht übertragen. Schließlich werden die Ohren massiert.

Gähnen und Recken: Die S. lehnen sich auf ihrem Stuhl so weit wie möglich nach hinten, falten die Hände im Nacken, strecken den Körper und gähnen dabei.

Klopfen: Die S. klopfen ein bis zwei Minuten lang mit den Zeigefingern möglichst schnell auf die Tischplatte.

Kreisen: Die S. sitzen fest auf ihren Stühlen und lassen das Becken in einem möglichst großen Radius kreisen.

Beinedrücken: Die S. sitzen möglichst breitbeinig, kreuzen die Arme vor dem Körper und drücken die Handflächen gegen die Innenseiten der Oberschenkel. Fünf bis zehn Sekunden lang üben sie so mit den Armen deutlichen Druck und mit den Beinen Gegendruck aus. Dann werden zur Entspannung die Arme ausgeschüttelt, und die Übung beginnt erneut.

Fingerhakeln: Die S. sitzen aufrecht, heben die Hände bis in Schulterhöhe und haken sie vor dem Körper ineinander. Etwa fünf Sekunden lang ziehen sie die Arme mit ganzer Kraft auseinander, ohne die verhakten Finger zu lösen. Dann werden die Arme ausgeschüttelt.

Kniespanner: Alle sitzen nur noch auf der rechten Seite des Stuhls und stellen den rechten Fuß zur Abstützung auf den Boden. Während der Rücken durchgedrückt ist, nimmt jeder den rechten Fuß in die Hand und zieht ihn in Richtung Po. Dann versuchen alle vorsichtig, das Knie nach hinten zu drücken. Der Körper wird einige Sekunden in dieser Haltung gehalten. Dann geschieht das Gleiche spiegelbildlich mit der anderen Körperhälfte.

Verdrehte Köpfe: Die S. stützen sich mit den Beinen gut ab, legen die Hände auf die Oberschenkel und drehen den Kopf so weit es geht bis über die linke Schulter. Die Stellung wird einige Sekunden lang gehalten. Dann wird der Kopf langsam möglichst weit nach rechts gedreht und dort einige Sekunden gehalten.

Händefalten: Alle falten die Hände so, dass der rechte Daumen oben liegt, dann so, dass der linke Daumen oben liegt. Das Tempo des Wechsels wird langsam gesteigert.

Didaktische Hinweise

Bewegungspädagogische Ansätze gehen von der Einsicht aus, dass Lernen nicht nur im Kopf stattfindet. Denken, Intelligenz und Kreativität, so dieser Ansatz, sind Funktionen des ganzen Körpers. Lernen muss also in angemessener Weise mit körperlicher Bewegung verbunden sein. Gehirnphysiologen sagen uns, dass die Bewegung des Körpers von frühester Kindheit an eine wesentliche Rolle bei der Entstehung von Nervenzellen und neuronalen Netzwerken spielt. Folgt man dieser Einsicht, dann ist es sinnvoll, auch und gerade die zentrale Körperhaltung des Schulalltags, das Sitzen, ab und zu mit Bewegungselementen zu verknüpfen. Es ist sogar sinnvoll, konzentrationsfördernde Bewegungsübungen im Sitzen zu beginnen, da viele S. so weniger Hemmungen zu überwinden haben als im Stehen oder beim Laufen durch den Raum. Außerdem lassen sich Bewegungsübungen im Sitzen in voll möblierten Klassen- und Kursräumen am leichtesten und schnellsten umsetzen.

Anschlussaufgabe
- Entspannungsübungen (z. B. → Ausatmen, S. 143 f.)
- Unterrichtsphasen, die eine hohe Konzentration der S. erfordern

80 Steh-Starter

Die S. bewegen sich intensiv in stehender Haltung.
Mit Steh-Startern lösen sich die S. aus ihrer sitzenden Position und bewegen sich intensiv, um ihre geistige Leistungsfähigkeit (wieder) zu verbessern, indem sie ihre Körperkräfte animieren und das Gehirn mit Sauerstoff versorgen.
- Plenum
- ab Jahrgangsstufe 1

Literatur
OPPOLZER, URSULA: Bewegte Schüler lernen leichter. Ein Bewegungskonzept für die Primarstufe, Sekundarstufe I und II. Dortmund 2004
RITTELMEYER, CHRISTIAN: Pädagogische Anthropologie des Leibes. Biologische Voraussetzungen der Erziehung und Bildung. Weinheim, München 2002

Standardbezug
Alle Kompetenzbereiche

Vorbereitungen und Ablauf
Steh-Starter können spontan und ohne Vorbereitung eingesetzt werden. Mögliche Übungen sind:

Scheinsitzen: Die S. stellen sich an einen freien Platz (z. B. hinter ihren Stuhl) und setzen sich eine halbe bis eine Minute lang auf einen imaginären Stuhl. Dabei werden alle beteiligten Muskeln angespannt gehalten. Anschließend hüpft man leicht auf der Stelle.

Stehender Sturmlauf: Die S. rennen in normaler Laufhaltung möglichst schnell auf der Stelle, wobei die Knie möglichst hoch gezogen werden und die Arme vor- und zurückschwingen. (Dazu ist genügend Platz nötig.)

Überkreuzbewegung: Die S. „marschieren" auf der Stelle, indem sie zunächst das linke Knie heben und beide Arme dabei vor dem Körper nach rechts ziehen. Darauf folgt rasch eine spiegelbildliche Bewegung (rechtes Knie hoch und beide Arme nach links).

Gleichgewicht: Die S. legen beide Hände hinten auf die Hüfte, beugen sich so weit wie möglich nach hinten und halten diese Position eine halbe bis eine Minute.

Boxen: Die S. boxen nach vorne in die Luft gegen einen imaginären Gegner. Dabei soll abwechselnd der linke und der rechte Arm nach vorne schnellen; zugleich macht abwechselnd eine Hand eine Faust, und bei der zweiten werden die Finger gespreizt.

Luftschloss: Die S. malen mit der linken Hand ein Schloss in die Luft. (Linkshänder nehmen die rechte Hand.)

Zähneputzen: Die S. putzen sich imaginär abwechselnd mit der rechten und der linken Hand heftig die Zähne, wobei die Arme waagerecht gehalten werden sollen.

Beschwörung: Die S. strecken die Arme nach vorne, halten ihre Hände nebeneinander mit den Handflächen nach unten und verhaken die Daumen miteinander. Dann gehen sie ganz langsam auf die Zehenspitzen und zeigen mit den Armen so weit wie möglich nach links. Die Position wird ca. 15 Sekunden gehalten. Dann werden die Arme – weiterhin mit verhakten Daumen – nach rechts geführt.

Bäumchen wechsel dich: Jeder steht betont aufrecht und streckt die Arme zur Decke. Dabei liegen die Handinnenflächen locker aneinander. Die Arme werden so weit wie möglich nach oben gereckt. Nun hebt man das linke Bein, winkelt es vom Körper ab und legt den linken Fuß an den rechten Oberschenkel. Nach mehrmaligem tiefem Ein- und Ausatmen wird der Vorgang mit dem rechten Fuß wiederholt.

Verhaftung: Jeder legt die linke Hand mit der Handfläche nach außen auf das rechte Schulterblatt und bringt sie möglichst weit nach oben in Richtung Hals. Dann greift jeder mit der rechten Hand über die Schulter und versucht, seine eigene linke Hand von oben zu erreichen. Die Finger werden ineinander verhakt. Die Spannung wird für fünf bis zehn Sekunden gehalten, dann werden die Arme ausgeschüttelt, und die Übung wird spiegelbildlich wiederholt.

Mehrere dieser Übungen können kombiniert werden. Anschließend kann eine Entspannungsübung folgen (z. B. → Ausatmen, S. 143 f.).

Didaktische Hinweise

Stundenlanges Sitzen führt bei S. zu einer mangelhaften Sauerstoffversorgung des Gehirns und damit zu Konzentrationsstörungen. Außerdem kommt es zu Verspannungen der Muskeln und einer Überlastung der Wirbelsäule, denn ihre Belastung ist im Sitzen um ein Vielfaches höher als im Stehen. Pausen mit kurzen Bewegungsübungen im Stehen sind daher besonders im fortgeschrittenen Stadium eines Lerntages sinnvoll, um die körperliche und geistige Leistungsfähigkeit wieder zu stabilisieren.

Anschlussaufgabe

• Unterrichtsphasen, die eine hohe Konzentration der S. erfordern

Alphabetisches Methodenregister

Fitmacher für die Grundschule

Lehrer-Bücherei: Grundschule *Schule und Unterricht*	ISBN 978-3-589-
Berufseinstieg: Grundschule	05074-1
Die Fundgrube für jeden Tag	05034-5
Die Grundschul-Fundgrube für Vertretungsstunden	05092-5
Elternarbeit schülerorientiert **NEU**	05148-9
Fundgrube Klassenführung	05113-7
Gespräche mit Kindern	05137-3
Gewaltfreier Umgang mit Konflikten in der Grundschule	05036-9
Jahrgangsübergreifend unterrichten	05098-7
Jungen besser fördern	05144-1
Kinder individuell fördern	05127-4
Lernen lernen von Anfang an. Band I	05082-6
Lernen lernen von Anfang an. Band II	05083-3
Mit Störungen umgehen	05109-0
Rituale für kooperatives Lernen in der Grundschule	05063-5
Selbstständiges Lernen unterstützen **NEU**	05142-6
Schuleingangsphase: neu gestalten	05091-8
Taschenlexikon Grundschulpraxis	05133-5
Umgang mit „schwierigen" Kindern	05047-5
Wut: Ein Vulkan in meinem Bauch	05068-0
80 Methoden für die Grundschule **NEU**	05147-2

Fitmacher für die Grundschule

Marita Bergsson/
Heide Luckfiel

**Umgang mit
„schwierigen" Kindern**
· Auffälliges Verhalten
· Förderpläne
· Handlungskonzepte

120 Seiten mit Abb.,
Paperback
ISBN 978-3-589-05047-5

**Eltern-Kursbuch:
Grundschule**
Kinder fördern,
fordern und erziehen

320 Seiten mit Abb.,
Festeinband
ISBN 978-3-589-22230-8

Klaus Metzger/
Reinhold Christiani (Hrsg.)

**Taschenlexikon
Grundschulpraxis**
· 132 Beiträge zum Schulalltag
· Pädagogik und Methodik
· Deutsch und Mathematik

272 Seiten mit Abb.,
Paperback
ISBN 978-3-589-05133-5